运动营养
实践指南

运动员提高成绩和
快速恢复的营养饮食指导

【英】阿斯克·约肯德鲁普（Asker Jeukendrup）主编　孟焕丽　译

人民邮电出版社

北京

图书在版编目（ＣＩＰ）数据

运动营养实践指南 ：运动员提高成绩和快速恢复的营养饮食指导 / （英）阿斯克·约肯德鲁普（Asker Jeukendrup）主编；孟焕丽译. -- 北京：人民邮电出版社，2017.5
ISBN 978-7-115-44283-3

Ⅰ. ①运… Ⅱ. ①阿… ②孟… Ⅲ. ①体育卫生－营养学 Ⅳ. ①G804.32

中国版本图书馆CIP数据核字(2017)第070105号

版权声明

Original Title: Sports Nutrition–From Lab to Kitchen

Aachen: Meyer & Meyer Verlag 2010

免责声明

内 容 提 要

本书由运动营养学领域的领军学者执笔，将关于学科领域中最前沿的科学发现通过简明易懂的方式传递给大众，并提供了可以具体操作的方法，贯通了实验室和厨房的路径，弥合了科学理论与大众实践之间的裂缝。本书的神奇之处在于，虽然它由全球顶级专家写作，却能够轻易地被运动员和教练员理解，读者采用了书中介绍的方法，可以明显地感受到身体的变化和运动表现的提升。

◆ 主　　编　[英] 阿斯克·约肯德鲁普（Asker Jeukendrup）
　　译　　　孟焕丽
　　责任编辑　寇佳音
　　责任印制　周昇亮

◆ 人民邮电出版社出版发行　　北京市丰台区成寿寺路 11 号
　　邮编　100164　　电子邮件　315@ptpress.com.cn
　　网址　https://www.ptpress.com.cn
　　涿州市般润文化传播有限公司印刷

◆ 开本：700×1000　1/16
　　印张：11.5　　　　　　　　　　2017 年 5 月第 1 版
　　字数：258 千字　　　　　　　　2025 年 7 月河北第 20 次印刷
　　　　著作权合同登记号　图字：01-2015-7160 号

定价：58.00 元

读者服务热线：（010）81055296　印装质量热线：（010）81055316
反盗版热线：（010）81055315

目录

作者

基斯·巴尔
神经生物学研究室，生理学和行为学，加利福尼亚大学，Davis，美国

汉斯·布劳恩
运动营养学研究室，神武化学研究所，德国科隆体育大学，德国

伊丽莎白·布罗德
运动营养学，澳大利亚体育学院，贝尔康纳，澳大利亚

路易斯·布尔克
运动营养学，澳大利亚体育学院，贝尔康纳，澳大利亚

格雷格·考克斯
运动营养学，澳大利亚体育学院，贝尔康纳，澳大利亚

迈克尔·格里森
体育学院，锻炼与保健科学，拉夫堡大学，英国

修纳·L.哈尔森
生理学系，澳大利亚体育学院，贝尔康纳，澳大利亚

约翰·霍利
医疗科学学院，RMIT 大学，邦多拉，澳大利亚

阿斯克·约肯德鲁普
体育与运动科学学院，伯明翰大学，英国

罗纳德·莫恩
体育学院，锻炼与保健科学，拉夫堡大学，英国

罗曼·缪森
人体生理学和运动医学，自由大学，布鲁塞尔，比利时

塞缪尔·梅特勒
苏黎世联邦理工学院和运动马格林的瑞士联邦学院的运动，瑞士

大卫·C.尼曼
博士，人体性能实验室，北卡罗来纳州的研究中心和阿巴拉契亚州立大学，Boone，NC，美国

贝亚特·法伊弗
体育与运动科学学院，伯明翰大学，英国

斯图尔特·菲利普斯

运动机能学系，运动新陈代谢研究小组，麦克马斯特大学，哈密尔顿，加拿大

布伦特·C.鲁比

蒙大拿大学，蒙大拿工作生理学和运动新陈代谢中心，Missoula MT，美国

本特·萨尔丁

CMRC，哥本哈根大学，丹麦

特伦特·斯特林格沃尔夫

雀巢研究中心，布罗桑，瑞士

马克·塔诺波斯基

儿科和医学部门，神经代谢＆审计肌肉疾病，麦克马斯特大学的医学中心，哈密尔顿，加拿大

凯文·蒂普顿

体育与运动科学学院，伯明翰大学，英国

菲利普·沃森

体育学院，锻炼与保健科学，拉夫堡大学，英国

第1章

运动营养学历史：从早期到未来

本特·萨尔丁和阿斯克·约肯德鲁普

希腊人和罗马人

可以说在伊甸园中夏娃（Eve）给了亚当（Adam）一个苹果，希望亚当像上帝一样强壮时，运动营养学就产生了。营养总能引起人们的兴趣。追溯到古希腊，营养和体能以及健康有关。希波克拉底（Hippocrates）（前460年~前370年）曾经说过"如果我们能够给予每个人适量的营养和运动，既不太少也不太多，我们本该发现这是通向健康最安全的道路"。大部分希腊人和罗马人都吃素，他们主要吃谷物、水果、蔬菜、豆类植物，以及喝用水稀释的酒。对于肉类，多数情况下，希腊人吃羊肉而罗马人吃猪肉。

人们相信斯巴达的查姆斯（Charmis）撰写了第一份关于希腊运动员的专门菜单。据说他已经对无花果干进行了研究。现在一些报告也指明无花果正被用作一种运动营养。跑步曾是军队训练的重要组成部分。有时，军队有专门的步兵来长距离传递消息。最有名的步兵也许就是斐里庇得斯（Pheidipphides）。他已经和马拉松比赛联系起来。据说波斯即将攻破雅典时，斐里庇得斯从雅典跑到斯巴达（大约240千米）来寻求斯巴达的帮助。斯巴达回复说他们正在举行年度庆典，按照国家法律规定，他们不能够出兵帮助雅典。斐里庇得斯不得不跑回去报告这个不幸的消息。

> "如果我们能够给予每个人适量的营养和运动，既不太少也不太多，我们本该发现这是通向健康最安全的道路。"
> 希波克拉底（前460年~前370年）

所以，他一共跑了480千米。他应该是利用无花果作为主要能量来源之一。据估计，他体重50千克，消耗了28 000千卡（117 096千焦）的热量。人们还认为他从马拉松跑到雅典（40千米）。这也是现代奥林匹克马拉松比赛的距离。不过，是否他真的跑过这么长的距离，人们对此争论颇多。

奥林匹克运动会

根据伽林（Galen）和其他作者的说法，在公元前3世纪末，运动员认为喝花草茶和吃蘑菇能增加他们在古代奥林匹克运动会竞赛中的体能［莫特拉姆（Mottram），1988］。另一份报告也指出在5世纪中叶，法罗斯的一位前长跑运动员卓米尔斯（Dromeus）提出了一份肉食菜单。第欧根尼·拉尔修（Diogenes Laertius）的报告指明萨摩斯的尤瑞敏思（Eurymenes）采用的是他的教练克罗顿的毕达哥拉斯（Pythagoras）推荐的一份肉食菜单。但是，到目前为止，从古至今存留下来最有说服力的菜单是克罗顿的麦洛（Milo）菜单。麦洛是一位摔跤手。他的力量特技成为一个神话。公元前532年到公元前516年，他连续赢得5届奥林匹克摔跤比赛冠军。据猜测，他一天的食谱包括9千克（20磅）的肉、9千克的面包和8.5升（18品脱）的酒。但这些流传至今的报告的有效性却值得怀疑。虽然麦洛确实是一个身材高大、强壮有力的人，并且食量惊人，但是初步估计，如果他每天吃这么多的食物，要消耗大约57 000千卡（238 374千焦）的热量。

在南美，像马黛茶、咖啡和古柯等兴奋剂也被用来增强体能。有报告指出在厄瓜多尔，印加人会在库斯科到基多的长跑比赛（>1 600千米）中咀嚼古柯叶子。

第一个实验方法

有关人体能量新陈代谢的第一个实验方法始于19世纪中叶。1842年，约翰·冯·利比希（John von Liebig）指出肌肉收缩的主要燃料是蛋白质［特吉旺（Terjung）和霍顿（Horton），1988］。但是，在接下来的20年中，这一理论被冯·派特尼科夫（von Pettenkofer）和沃伊特（Voit）证明是错误的。接下来的实验关注的是是否碳水化合物和脂肪能够直接被用来收缩骨骼肌。查威克斯（Chaveux）做了一些初步研究，他认为脂肪要先转化为碳水化合物才能为肌肉所用。尊慈（Zuntz）（参见Carpenter 1931）指出碳水化合物和脂肪都能够在训练过程中，而不是休息过程中被骨骼肌氧化。这一观点后来被克罗格（Krogh）和林哈德（Lindhard）所证实（1920）。他们还证明肌肉可以同时使用这两种材料。但是，在大多数情况下，蛋白质不能作为能量的来源。

> 最初，蛋白质被认为是唯一的燃料。但是很快证明碳水化合物和脂肪也能用作燃料。并且在大多数情况下，它们可以同时被肌肉使用。

有关人体能量新陈代谢的实验方法始于19世纪下半叶。1900年前，人们普遍认为蛋白质是肌肉的燃料。1842年，约翰·冯·利比希指出肌肉收缩的主要燃料是蛋白质（特吉旺和霍顿，1988）。人体实验也开始进行，揭示碳水化合物和脂肪是否可以被直接用来收缩骨骼肌。实验方法给出了明确的答案，葡萄糖能够直接被人体骨骼肌使用，而不用提前转化为糖。实验不仅发现碳水化合物和脂肪都能够用作燃料，并且在大多数情况下，它们可以被同时用作燃料，并得出一个结论说蛋白质不是主要的能量来源（特吉旺和霍顿，1988）。

与此同时，其他研究人员提出一种更实际的方法来寻找适于跨越世界冰盖的北极探险家的最优菜单。极地实验表明，如果从脂肪中汲取高达60%~70%的能量，受试者依旧能够维持一个相对较高的日常高水平运动消耗。如果雪橇犬的饮食中含有高达90%的脂肪，它们就能胜任繁重的工作。

补充糖分（碳水化合物）的重要性

莱文（Levine）及其同事在20世纪20年代也提出了重要观点（莱文等，1924）。他们测量了一些参加1923年波士顿马拉松比赛选手的血糖浓度。那时候，人们认为马拉松比赛是一场几乎不可能、不健康并且累人的挑战，当时的报纸把马拉松称为"暴力运动"[拉腊比（Larrabee），1902]。他们发现比赛结束后大多数选手的血糖浓度明显下降。他们猜测低血糖是引起疲劳的一个原因。为了证明这一猜测，他们鼓励一些参加该马拉松比赛的选手在以后的比赛中补充糖分（碳水化合物）。这项举措，加上赛前的高碳水化合物的饮食，能够预防低血糖症（低血糖）。并且，能够显著地提升运动能力（例如，完成比赛的时间）。

碳水化合物对于提高运动能力的重要性后来被迪尔（Dill）、爱德华（Edwards）和塔尔博特（Talbott）（迪尔等，1932）所证实。有些研究人员让他们的狗乔（Joe）和萨利（Sally），在没有补充碳水化合物的情况下奔跑。4~6小时后，这两条狗累得脱水了。再次进行该测试时，这两条狗在奔跑过程中补充了碳水化合物，结果它们跑了17~23小时。

底物代谢利用

从早期开始我们就一直想了解的是，在运动中运动强度、饮食和训练方式对骨骼肌底物代谢的重要性。我们今天拥有的绝大部分都只是源于20世纪30年代的研究。对于为什么糖分（碳水化合物）的利用与运动强度相关，为什么肌肉训练能提高脂肪利用率并降低乳酸盐积累，以及为什么糖分的摄入会延长最终感觉筋疲力尽的时间，我们的理解依旧是有限的。

方法论在20世纪50年代和60年代期间得到改进，例如利用同位素和重新使用活检针［乔纳斯·贝格斯特罗姆（Jonas Bergström）］来进行肌肉活组织检查，新的工具可对所使用的基质和肌肉产生的代谢分子进行更直接的测量。在20世纪60年代，脂肪酸被认为用作肌糖原的存储和使用。

从20世纪60年代开始，许多运动研究开始调查糖分和脂肪进行能量转化的相对重要性。它们影响基质的糖化和处理这些基质的调控机制。研究人员一致同意脂肪在运动后能发挥更大的作用。是脂肪发挥多大的作用，还是血清和肌肉甘油三酯发挥了多大的作用却引起了研究人员的激烈讨论。研究人员还讨论了运动过程中脂肪利用的精确限制，特别是在更高的运动强度下。有人指出脂肪酸转化为肌肉是关键的一步。但是也有确凿的证据表明线粒体呼吸能力发挥的重要作用。对线粒体所摄取的脂肪酸进行管理也发挥了一定的作用。

> 20世纪60年代，斯堪的纳维亚的研究确实加深了我们对碳水化合物代谢的理解。这些研究也是很多著名运动营养学规范的基础。

虽然许多问题有待研究，但在多年的深入研究后，可以明确的是：饮食中糖分的摄入是良好体能的基本要素。同样可以明确的是：耐力运动员想要拥有良好的耐力，他们的活动肌需要具有高脂肪酸氧化能力。这可以用有限的糖原储积能力来解释，但是可能远远不止这些。在接下来的几年内，我们将更多地了解饮食和运动员训练之间的相互作用。

水合作用

20世纪80年代，许多研究表明脱水可能引起体能下降。严重脱水会导致中暑和不利于健康的后果。这些研究很快推动人们去优化运动过程中的液体摄入工作。运动饮料开始出现在运动商店和超市的货架上。这些运动饮料标明它面向的是数量不断增长的长跑运动员和其他运动员。

曾经人们越来越倾向于在耐力比赛中饮用大量的水。国际业余田径联合会（IAAF）

曾经颁布了马拉松比赛过程中饮水站的饮水指南和管理办法。1953年，国际业余田径联合会颁布的比赛主办方的手册里写明，必须在马拉松比赛中设立饮水站。只能在15千米和30千米的地方设立。2009年，在国际业余田径联合会颁布的手册中规定，所有赛事的起点和终点都必须提供饮用水。对于距离超过10千米的赛事，必须每2~3千米就提供饮用水。对于更长距离的赛事，必须每5千米设置一个饮食站。除此之外，在饮食站的中间还要提供饮用水。那么，在一场马拉松比赛中，有17个有效的饮水机会。在过去的几年中，饮水让许多运动员认为必须尽可能多地饮水。但是，很显然饮用过多的水会造成低钠血症。而且，最近的饮水建议已经强调过多饮水是危险的（参见第5章）。

微量元素

微量元素也得到一些关注。自从维生素被发现后，它们就已经或多或少地成为良好健康的代名词。因为人们清楚缺少这些基本的营养就会生病。从20世纪40年代和50年代开始，为了表现得更好，补充维生素成为运动员的习惯做法。但是多项研究都表明，只要不缺乏维生素，服用超过每日人体需要剂量的维生素是不能提高体能的。尽管如此，运动员还是依旧热衷于服用维生素、矿物质和一些抗氧化剂。但是最近的研究指出，大剂量地服用抗氧化剂实际可能会阻止（或至少降低）正常的训练适应性。同样清楚的是，大剂量地服用维生素和矿物质会造成不利于身体健康的状况。

最后一点是向这一领域的早期研究人员和他们的研究成果致敬。不仅阅读他们的著作使人身心愉悦，我们还能够从他们的著作中获取很多知识。他们不仅对实际应用做出了重大贡献，也让我们对一些可能的限制因素有了更基本的了解。

第2章

运动员饮食的最佳组成

利兹·布罗德和格雷格·考克斯

最佳组成

　　关于运动员应该吃什么和运动员饮食的最佳组合，目前有很多争论。运动员饮食中应该包含多少碳水化合物、脂肪和蛋白质？是否对维生素和矿物质的需求提高了？事实上，没有适合所有运动员的一份最佳饮食。一位运动员饮食的最佳组成与该运动员从事的运动、训练的强度和种类，以及该运动员是否需要保持体重或身材息息相关。简而言之，运动员需要一份具有个人特色的营养计划。该营养计划基于良好的科学原理并能轻易地融入运动员的日常生活中。这个观点（将科学转化为食物）就是训练有素的运动营养学专家实践其专业知识的地方。但是，还有一些简单的指导方针。

> 试图优化运动员的营养时，首先要确保基本的营养需求得到满足。

从何处着手

　　首先考虑的就是基本的营养需求。幸运的是，这些需求与按照大部分微量营养素（维生素、矿物质和纤维）需求而做出的、用于普通群体的建议和对宏量营养素（碳水化合物、脂肪、蛋白质和酒精）进行平衡的总体趋势相符合。这就要求人们在所有基本的食物群中获取不同的食物，并形成一种在每天（而不是某一顿的饮食）中持续分配的食物结构。一旦实现这些，就能量身定制在特定的时间，用不同的食物数量以及食物种类来满足运动员的专项需求。

　　可以从确定每天的蛋白质需求来着手。在过去几年中，关于运动员的蛋白质最佳摄入量一直有很多争论。将维持身体健康所需的蛋白质摄入量和优化肌肉生长和其他适应性训练所需的蛋白质摄入量区分开是一件重要的事情。

© fotolia, Marin Conic

蛋白质：生命控制中心

一般来说，在不考虑运动类型的情况下，人们建议蛋白质的每千克体重日摄入量为1.2~1.7克（下文的蛋白质日摄入量均按每千克体重计算制定）（参见第7章、第9章、第11章）。运动员的饮食摄入量调查常常指出绝大多数运动员都能满足的蛋白质摄入需求。但是，有些运动员为了降低身体的脂肪含量，会过分关注蛋白质的消耗，而忽略了平衡营养、补充能量或减少碳水化合物摄入的重要性。假设大部分运动员是根据匹配训练强度来增加能量摄入，以满足日常蛋白质需求，他们首先要在训练间隙准备含有蛋白质的饮食和零食来优化适应性反应，并帮助他们运动后恢复。例如，想要在阻力训练后立即消耗一份含有10~20克蛋白质的零食，需要对英式橄榄球运动员进行指导并制定长期计划。一旦他们的蛋白质摄入量已经达到可以支持训练水平，就可以将剩余的部分分配到其他的营养饮食和零食中，以确保食用不同的食物来满足基本的营养需求，例如钙（3~4份/天）、铁和锌。

> 假设大部分运动员由于需要根据训练强度来增加能量摄入，以满足日常蛋白质需求，他们首先要在训练间隙准备含有蛋白质的饮食和零食，从而优化适应性反应并帮助运动后恢复。

碳水化合物：最佳能量来源

　　另一个重要的宏量营养素是碳水化合物。碳水化合物是一种缓解高强度训练的主要燃料来源。现在，人们普遍认为日常碳水化合物摄入量应该表示为运动员每千克体重中含有多少克的碳水化合物，而不是占总体饮食能量中的百分比［布尔克（Burke）等，2001］。最近的研究表明，运动员每天碳水化合物的摄入量应依据的是其日常的运动形式并以与其体重相关的数字进行对比（参见表1）。想要将这个指导意见融入运动员的饮食计划中，应该考虑运动员整体的日常能量需求、特定的训练量和训练强度，以及身体成长和发育的需求（针对儿童和青少年运动员）。如果缺乏对运动的根本认识，这一指导意见很容易被曲解。例如，对体操运动员来说，每天进行2个训练课程，共计6~7小时的训练量是司空见惯的事情。如果只考虑训练课程的时长，根据当前的建议，运动员碳水化合物的日摄入量为10~12克。实际上，以整个训练时间计算运动的绝对训练量时，预计消耗的能量很少，大约是0.066千卡/千克体重。对一位平均体重50千克的体操运动员而言，在训练课程中最终真正消耗的能量比日常能量需求多1 200千卡（5 000多千焦）。但是，如果运动员只根据训练时间来消耗10克碳水化合物的能量（相当于8 000多千焦），这就大大超出了训练需要消耗的能量。因此，也认识到"了解运动"的必要性。虽然我们对体操训练中碳水化合物的使用没有明确的评估，但是，日常的需求很可能在5~6克/千克体重。再例如，一位体重110千克的英式橄榄球边锋运动员，每天进行两次力量和场地训练，高强度的比赛，理论上需要每天摄入7~12克/千克体重或者大于770克的碳水化合物。从功能上，他们难以有时间来消耗这么多的碳水化合物。实际上，他们摄入接近每日5~6克/千克体重的碳水化合物，就可以支撑训练和恢复训练。

> 最近的研究指出，运动员每天的碳水化合物摄入量指导方针是基于日常的运动形式，并以一种与运动员体重相关的数字来表示的。但是，我们需谨慎解释这些指导方针并对某项运动及其能量需求具有根本性的认识。

恢复时间较短时的碳水化合物

　　恢复时间较短时（2~8小时），确保尽可能迅速地恢复肌肉燃料（糖原）存储是非常重要的一件事情。为了促进最佳糖原恢复，我们建议运动训练结束后立即摄入1克的碳水化合物（kg BM）。这一点可以通过食用其他的恢复零食实现，或者对拥有较低能量预算的运动员而言，重新安排下一次就餐的时间来实现（参见第7章）。如果把恢复糖原存储作为首要任务，那么可以在接下来每两小时的时间段里摄入同等数量的碳水化合物。当一天内需要进行多次艰苦而又持久的训练时，也可以采用同样的方法。根据训练课程的目标以及在整个训练课程中维持牢固的能量产出，以及利用训练课程来促进对训练的代谢和生理性适应的相对重要性，来决定在训练前、训练中和训练后摄入碳水化合物。一旦分配了适量的碳水化合物和蛋白质，就可以将来自不同种类的食物中的其他成分分配到一天当中其他的正餐和零食中。在这种情况下，要确保饮食中包含水果和蔬菜来提供抗氧化成分，而不是使碳水化合物以谷物为主，也不要将所有的东西在一天当中的最后一餐中吃掉。对于那些需要较多能量的运动员来说，有必要在配餐中降低纤维与液体（果汁、软饮料、含添加的牛奶）等，否则配餐的食物搭配会过于烦琐。

修改脂肪摄入量来达到剩余目标

所有运动员都有自己的能量"预算"。这个能量预算反映了他们的能量消耗以及身材目标。设立身体脂肪/减轻体重的目标应当适度（低于预计的日常能量消耗250~500千卡或1 045~2 091千焦）。同样，提高肌肉质量也要适度。首先考虑的是满足日常蛋白质和碳水化合物需求，以便利用能量预算支持训练和促进恢复（参见第20章）。这可能意味着能量预算低（例如，想要降低体内脂肪存储的运动员）的运动员会降低饮食中的脂肪摄入量（因为脂肪的能量比较高）。或者，运动员有可能增加宏量营养素的摄入量来满足能量需求。正如食物标签上所列，大部分食物包含好几种不同种类的脂肪。在选择进食脂肪类和含有脂肪的食物时，考虑脂肪可溶性的维生素和必须的脂肪酸，以及了解不同的脂肪在疾病和炎症过程中的作用是非常重要的一件事情。比较好的选择是使用一些有营养的含有脂肪的食物（例如鳄梨、油性鱼类和坚果）和健康的含有脂肪的食物（例如橄榄油、多不饱和油和菜籽油）。

开发营养计划的实用性

对于那些日常训练没有太大变化的运动员，通常情况下，运动营养学专家会根据预估的平均每天能量消耗来制定专门的食物和水果摄入量（参见表1）。例如，通常情况下，潜水运动员早上会进行2小时的旱地训练，下午会进行3小时的潜水训练。一周有5~6天的时间来进行这种常规训练，只是每天的工作量有很小的调整。在这种情况下，每天的能量消耗差别很小，而且这种能量消耗差别能轻易地通过基本的日常饮食和水果计划来得到解决，只是食物的选择和种类有点变化。

另一个方法是为每天运动量变化较大的运动员制定一个饮食计划。例如，铁人三项选手可能每天训练6~8小时。训练日，他们会进行持续的有氧运动和高强度训练，而休息日，则进行30~40分钟的慢跑。在为每天能量消耗变化较大的运动员制定饮食计划时，重要的是要确保运动员可以轻松地控制这个日常饮食计划，从而适应运动形式的变化。至于其他的能量（也

通常情况下，根据预估的平均每日消耗能量来制定专门的食物和水果摄入量。

就是以碳水化合物的形式），运动员可以在训练前、训练中和训练后摄入，以支持每天的训练体能和训练课程间的恢复。有趣的是，萨莉丝（Saris）和她的同事（1989）发现参加环法自行车赛的男性运动员在一支专业团队的支持下修正了她们日常的碳水化合物和能量摄入，也能够维持比赛能量消耗。参与此项研究的自行车运动员在比赛过程中每小时摄入94克的碳水化合物，这几乎是她们每天总碳水化合物摄入量的一半（49%）。相比之下，布尔克等（2003）发现男性团队和耐力好的运动员在训练过程中只消耗3%~5%的总能量摄入量。这两份研究的明显差异可能反映了专业团队对优秀自行车运动员提供的有组织支持和重点关注，可在比赛过程中让运动员维持"最佳"的体能。对运动员和教练来说，关键信息就是有组织有计划地食用其他食物和水果来满足训练需求。这只能通过前期规划和食用适当的食物和水果来实现。

最后，运动员也面临与家人、朋友、队友和同事（非专业运动员）一起吃饭等社交活动。根据运动营养学指导方针的临床实验，运动员难以仅食用运动训练和加快两个运动课程之间身体修复的饮食。运动员必须寻求一种平衡，确保他们优化了能量摄入来支持训练和比赛，同时也在远离运动的社交活动中对饮食维持一种灵活的方式和态度。我们建议运动员和教练向能帮助他们实现目标的运动营养学专家寻求建议。

表1　　　　　　　　　每日训练中碳水化合物摄入量指导方针

活动	碳水化合物摄入量（克/天/千克体重）
训练后的立即恢复（0~4小时）	1.0~1.2
最小身体活动	2~3
轻量级身体活动（3~5小时/周）	4~5
日常恢复：中等耐力和强度的训练（10小时/周）	5~7
日常恢复：中等到高度耐力和强度的训练（20+小时/周）	7~12
日常恢复：极端训练（4~6+小时/天）	10~12+

第 3 章

最佳赛前饮食

阿斯克・约肯德鲁普

　　谈到赛前饮食时，即使教科书有时也让人困惑不已。有些教科书说赛前 1 小时不要摄入碳水化合物，而有些教科书则建议在比赛前摄入碳水化合物来提高体能。运动员经常在赛前 3~4 小时吃最后一顿大餐。但是，应该吃什么和吃多少？

比赛前的 CHO 加载

　　20 世纪 60 年代末期斯堪的纳维亚的许多传统研究表明，由于肌糖原的重要性而导致人们开发具有高糖原的饮食（参见第 1 章）。糖原耗竭和较高的碳水化合物摄入导致肌糖原和随后的耐力性运动训练出现显著增长。为了实现非常高的糖原存储而提出的方案是非常极端的，而且提出了一个令人筋疲力尽的运动训练。如果 6 天内不进行任何训练，前 3 天几乎只吃全是脂肪的食物，后面 3 天几乎只吃全是碳水化合物的食物（参见表 1）。最近，一个稍微不那么极端的饮食（训练健身法）也能同样地将赛前肌糖原提升到相同水平。这个适度的糖原加载方案指出，训练有素的运动员每天只需摄入 10 克碳水化合物每千克体重以及不进行运动，就可以使其肌糖原增长到非常高的水平。即便在接下来的 2 天内休息和食用含量较高的碳水化合物，肌糖原也不会再增长。同样有证据表明，训练有素的运动员通过每天训练 2 小时（67% 峰值耗氧量）和食用 10~12.5 克碳水化合物每千克体重，就能在不到 24 小时的时间内来维持甚至使他们的肌糖原存储增加到很高的水平。

© PowerBar

人们一直建议训练有素的运动员通过3分钟的高强度训练和食用碳水化合物含量较高的食物，就可以在不到24小时的时间内使其肌糖原存储得到极速增长。该方案可能是对先前健身法的一个改进。以前的健身法已经在实验室和实地进行了广泛的实验，而且以后的研究也得到保障。

> 在比赛前采用糖原加载策略和超级补偿的复杂策略并不是实现高度肌糖原浓度的基本要素。

尽管赛前体能的提高更多依赖于肌糖原，但是比赛前1~7天内增加食物中的碳水化合物通常与在超过90分钟的比赛中所需体能息息相关。这很可能是因为肌糖原转化成最佳运动体能的时间点会被延迟。在筋疲力尽的运动尝试中，这点最明显。但是在有限制的耐力"表现"测试的量级方面则相对较小，例如特定时间段内总产出或者是完成特定距离或工作所需要的时间。在持续时间很长的剧烈运动中，碳水化合物的氧化作用的比率可以高达3~4克/分钟，而这些主要来源于肌糖原。

在训练中，通过运动前CHO饮食或CHO摄取而使CHO可用性维持较高水平时，CHO加载看上去并不能进一步提升运动表现。

团队运动和短跑

在更短、强度更高的跑步中，糖原加载的优势并不明显。这可能是因为在此类训练中，糖原可用性不是非-CHO加载实验的一个决定性要素。

在单次高强度训练中，CHO加载的效果多少有点模棱两可。一些研究已经发现，通过提升肌糖原水平和增加碳水化合物摄入量可以提升体能。但是还有一些研究者发现，肌糖原水平的提高不会带来什么好处。这一些研究中，极端的饮食中这种能力的差异是最明显的。这可能是为了增加肌糖原可用性而食用碳水化合物较高的食物，为了消耗高脂肪高蛋白的饮食而造成了有害的酸碱失调。

随着不断重复高强度的训练，更高的肌糖原可用性与加强的间歇性训练表现有关［巴尔松（Balsom）等，1999］。此外，在比赛前两天将CHO摄入量从300克/天增加至600克/天可以提升长期和间歇性训练表现［邦斯伯（Bangsbo）等，1992］。与不需要添加额外CHO的等能饮食相比，这需要在22小时的恢复时间内，摄入10克碳水化合物每千克体重来提升间歇性的跑步能力。

人们建议在饮食CHO加载过程中，女性提高肌糖原的能力可能被减弱。但是最近的一些研究表明，只要摄入充足的能量和CHO，女性运动员和男性运动员一样能从CHO加载中受益。

总之，比赛前的CHO加载与一些（并非全部）运动相关。用来实现CHO加载而使

用的方法可能要取决于实际需求，例如训练和可用时间。

比赛前3~4小时摄入碳水化合物

有证据表明，在比赛前3~4小时食用富含碳水化合物的食物（含140~330克CHO）可以提高肌糖原的水平并提升运动表现。赛前肌糖原水平的上升是提高运动表现的一种解释。或者，由于一晚上不吃东西，肝糖原水平持续下降，食用CHO以及持续吸收所摄入的CHO可能增加储量，并能维持血糖水平以及在接下来的运动中提升运动表现［凯西（Casey）等，2000］。

尽管血糖和胰岛素降至基本水平，但在训练前1小时摄入CHO，通常会在训练开始时造成葡萄糖水平快速下降，CHO氧化作用增强并且脂肪酸活动性降低。这些新陈代谢的变化长达6小时［蒙塔因（Montain）等，1991］。但是，这些不是影响训练表现的决定性因素。不断增加的CHO可用性看起来能够弥补更高的CHO利用率。没有研究发现食用能造成血糖和胰岛素水平显著不同的食物会使运动表现有所不同［伟（Wee）等，1999］。虽然这不是司空见惯的情况［赖特（Wright）等，1991］而且也可能有一些重要的新陈代谢差异，但是在比赛3~4小时前食用CHO含量较高的食物对接下来的表现带来的更好效果，与在训练过程中摄入CHO带来的效果一样模棱两可［克瑞斯安思普洛斯（Chryssanthopoulos）等，1994］。在赛前食用CHO食物和在比赛中摄入CHO也许能进一步提升比赛表现（赖特等，1991）。从实际角度出发，如果限制或者不允许在比赛中摄入CHO，那么在赛前3~4小时摄入200~300克的CHO可能是在接下来的比赛过程中提高CHO可用性的一种有效策略。此外，恢复时间相对较短时（4小时），食用CHO可能对提升接下来的比赛表现有所帮助［法洛菲尔德（Fallowfield）等，1995］。

> 碳水化合物摄入几小时后，脂肪氧化将被抑制。

> 如果限制或者不允许在比赛中摄入CHO，那么在赛前3~4小时摄入200~300克的CHO可能是在接下来的比赛过程中提高CHO可用性的一种有效策略。

© fotolia. Torsten Schon

比赛前1小时吃什么

如上所述，即使教科书有时也让人困惑不已。有些教科书说赛前1小时不要吃碳水化合物，而有些教科书则建议在比赛前摄入碳水化合物来提高体能。造成这些不同观点的原因是一些早期的研究。在20世纪70年代早期的一些研究，人们发现赛前1小时摄入碳水化合物会在比赛开始时导致血糖和胰岛素浓度较高。那么比赛一开始，由于高胰岛素血症和糖分摄取，会造成血糖浓度的快速下降。血糖浓度降得过快会导致低血糖。这通常称为回弹的低血糖症或者应激性低血糖症，它表现为虚弱、恶心、头晕。人们认为它会给比赛表现带来消极影响。事实上，先前的一份研究表明，与比赛前喝水相比，比赛前食用含有碳水化合物的食物会不利于比赛中的表现。

从那时以来，人们开展了许多研究。有些研究认为碳水化合物不会导致大的胰岛素反应（低血糖指数碳水化合物，例如果糖）。这些研究（一百多份来自全世界不同研究团体的研究）表明碳水化合物的摄入不会对比赛表现造成影响，或者是不会对比赛表现造成积极影响。所有这些不同的研究使用了不同种类的碳水化合物，不同的模式和训练强度，以及不同的受试者（有些受试者受过训练，有些受试者未受过训练）。这就难以对比这些结果，也难以发现是什么真正导致了这些差异。但是最近我们进行了一系列的研究，系统地监测赛前碳水化合物的摄入所带来的影响［阿克腾（Achten）等，2003，杰恩特杰恩斯（Jentjens）等，2002a，杰恩特杰恩斯等2002b和2003，摩斯利（Moseley）等，2003］。所有这些研究具有相似的设计，只是在某一个时间改变一个变量。这些研究表明，即便是造成低血糖症也不会影响比赛表现。血糖浓度和比赛表现之间没有联系。比起比赛前45分钟食用大量碳水化合物（75克或200克），食用较小量的碳水化合物（25克）更容易导致低血糖症。比起赛前45分钟和75分钟前食用碳水化合物，赛前（15分钟）食用碳水化合物更不容易导致低血糖症。含有低血糖指数的碳水化合物也不会造成低血糖症。

> 没有理由表明不能在比赛前食用碳水化合物。也没有证据表明比赛前食用碳水化合物会对比赛造成决定性的影响。有应激性低血糖症倾向的运动员可以采取其他方法来避免这种情况的出现。

还有一个有趣的发现，有些人在任何条件下都会有低血糖症，而有些人在任何条件下都不会有低血糖症。这就证实了有些人更容易出现低血糖症。令人惊奇的是，这和个人的胰岛素敏感性没有关系。一些可以避免低血糖症的方法（参见表2）。

实际上，这意味着没有理由表明不能在比赛前食用碳水化合物。也没有证据表明比赛前食用碳水化合物会对比赛造成决定性的影响。有应激性低血糖症倾向的运动员可以采取其他方法来避免这种情况的出现。可以选用血糖指数较低的碳水化合物，在即将比赛或热身时摄入碳水化合物，或者在赛前90分钟内避免食用碳水化合物。

© fotolia, Dušan Zidar

表1	糖原加载策略	
糖原加载方案	描述	肌糖原 （mmol / kg ww）
经典糖原加载方案	3天的高脂肪（无碳水化合物）饮食，3天的高碳水化合物（无脂肪）饮食，然后进行糖原消耗	800~1 000
中度糖原加载方案	训练强度降低，但是碳水化合物的摄入量由50%~60%上升至80%	700~800
高强度比赛 高CHO含量饮食	进行3分钟高强度训练，然后食用高CHO含量的食物，就能在24小时之内将糖原存储提升到很高的水平	700~800
训练中消耗的高碳水化合物和低脂肪饮食	运动员在65%的最大摄氧量情况下每天训练2小时，并且消耗含有10~12.5克CHO/千克的饮食。这就意味着饮食中的脂肪含量很低（可能会影响肌内脂肪存储）	800~1 000
经典饮食和最小运动量	每天消耗含有5克CHO/千克的经典饮食并保持最小运动量（1小时/天）	400~500

表2	降低回弹低血糖症风险的方法
赛前1小时避免摄入CHO	
赛前最后5分钟食用CHO	
热身时食用CHO	
选择血糖指数为中到低的CHO来源	
如果赛前1小时摄入CHO，摄入量应大于60克	
不要起步过快（如果可能）	
一旦比赛开始，持续摄入CHO	

第 4 章

比赛中碳水化合物的摄入：时间、种类和摄入量

阿斯克·约肯德鲁普

从 20 世纪 80 年代开始，耐力比赛中摄入碳水化合物的好处就广为人知。从那时候起，研究人员开始关注优化碳水化合物的摄入方法并解决一些实际问题，比如，什么时候摄入碳水化合物？摄入什么种类的碳水化合物？以及应该摄入多少碳水化合物？

长距离比赛中摄入碳水化合物

事实上，从 20 世纪 80 年代开始，人们就已经知道长距离比赛中摄入碳水化合物可以提高体能。即使是 20 世纪 20 年代，人们也建议在马拉松比赛中摄入糖分来增加体能（参见第 1 章）。摄入的碳水化合物只是提供了一种额外的燃料来增加身体碳水化合物的存储。比赛中，摄入碳水化合物有助于保持血糖浓度，因为如果比赛中 2~3 小时不摄入碳水化合物，血糖浓度就会降到很低的水平。摄入碳水化合物还有助于肌肉具有较高的碳水化合物利用率，而这最终有助于保持体力。因此，人们一直建议在所有持续 2 小时甚至更长时间的比赛中摄入碳水化合物。碳水化合物可能也有助于团队运动，特别是持续时间在 60 分钟以上的团队运动 [柯尔（Currel）等，2009] 和持续时间大约 1 小时的比赛中 [卡特（Carter）等，2004]。但是，机制可能不一样（如需了解详细内容，参见第 18 章）。

> 固体和液体的碳水化合物（能量棒、凝胶或饮料）看起来似乎能带来相同的体能效果。

研究表明，所摄入的碳水化合物的形式并非真的很重要。固体和液体的碳水化合物（能量棒、凝胶或者饮料）看起来似乎能带来相同的体能效果。比赛中，重要的是进行补水，特别是在炎热的环境下。固体碳水化合物的摄入会减缓胃的排空，从而会减缓液体的输送。另外，固体碳水化合物会让胃有饱腹感，这一点在长距离比赛中至关重要。

碳水化合物的种类和剂量

碳水化合物的种类可能是影响功效的一个重要因素（约肯德鲁普，2000，2004，

2005）。一些碳水化合物的肌肉使用率高于另一些碳水化合物。这很有可能与碳水化合物不同的吸收速度有关。运动饮料中的常见成分，如葡萄糖、蔗糖（食糖）和麦芽糖（10~16个葡萄糖分子组成的链型结构）能够被快速利用（参见表1）。果糖、半乳糖和一些淀粉质食品的利用速度就相对较低。在这里，我们将他们称为慢性碳水化合物。

> 最合理的建议是每小时摄入至少20克，最多70克的碳水化合物。某些情况下，可能最好摄入高达90克/小时的碳水化合物。但是，这些碳水化合物应该来自多种可运输的碳水化合物（例如葡萄糖和果糖）。

摄入的碳水化合物的剂量也有很大影响。早期的研究表明，每小时摄入至少20克碳水化合物就能增强体能。最近的研究似乎建议从饮料中摄取更多的碳水化合物能够进一步加强体能（柯尔等，2008）。但是，也有研究表明，从饮料中获取碳水化合物的最大速率大约是60克/小时。即便是摄入大剂量的碳水化合物（120~180克/小时），也不会加快氧化速度。碳水化合物只是在胃肠中积累，从而有可能引起肠胃不适。

即便每小时摄入60克以上的碳水化合物，也不会带来更多的功效。因此，最合理的建议是每小时摄入至少20克、最多70克的碳水化合物。稍后我们会讨论每小时摄入90克碳水化合物的方式。事实上，绝大部分的运动饮料主要包含一种碳水化合物，因此，每小时摄入70克的碳水化合物是很安全的。

表1　　　　　　　　　　**摄入的碳水化合物的不同氧化速度**

较低的氧化速度	较高的氧化速度	非常高的氧化速度
半乳糖	葡萄糖	葡糖糖：果糖*
果糖	蔗糖	麦芽糖糊精：果糖*
海藻糖	麦芽糖	葡萄糖、蔗糖：果糖*
左旋糖	麦芽糖糊精	
直链淀粉	胶淀粉	

*所提供的葡萄糖和麦芽糖糊精的剂量应该使肠转运蛋白得到饱和（60克/小时）。应提供足够剂量的果糖（葡萄糖和果糖的比率为2：1及以上）。

在比赛中摄入碳水化合物

那么，上述信息如何才能用于长距离比赛中呢？当然，这取决于运动的种类和在比赛中可以携带或提供的碳水化合物来源的机会。在一些比赛中（如自行车赛），可以在比赛开始时携带合理数量的能量棒。在其他比赛中（如马拉松比赛），运动员难以携带很多能量棒和碳水化合物，他们只能依靠组委会提供的能量补充物资。你可以自己动手准备自己的饮料，也可以在市场上购买运动饮料。在团队比赛中，通常禁止运动员在比赛开始和比赛途中摄入碳水化合物。计划自己的营养，以便使碳水化合物的摄入量接近60~70克/小时。可以通过选择能量棒、凝胶和饮料来实现这个摄入量。例如，在通常情况下，凝胶含有25克的碳水化合物，能量棒含有20~30克的碳水化合物。半升的运动饮料含有30~40克的碳水化合物。

> 消耗碳水化合物饮料、凝胶和能量棒或者三者的组合，就能摄入所期望的碳水化合物剂量。

将这些碳水化合物来源组合起来，就能每小时摄入60~70克的碳水化合物。吃能量棒和凝胶时，饮水很重要。饮水有助于加快吸收过程和维持水合作用。但是，喝多少水取决于体液的流失（出汗速度）。后面的章节会谈论液体输送的指导方针。根据比赛环境，有时候携带饮料、凝胶或能量棒更为便捷。在马拉松比赛中携带饮料不太现实。运动员更愿意携带凝胶，而主办方会提供饮水。

最近的研究建议，摄入特定的碳水化合物组合会加快碳水化合物输送进程（参见第12章和第25章）。

理想的运动饮料

根据目前收集到的信息，理想的运动饮料应该满足以下标准：

- 该饮料口味纯正。如果你不喜欢一种饮料，这种饮料就会喝得比较少，从而影响液体和碳水化合物的摄入。

- 该饮料不会引起肠胃不适。有些饮料会引起胃部问题，这因人而异。也许你可以饮用饮料A却不能饮用饮料B。而其他人可能可以饮料B，却不能饮用饮料A。

- 该饮料应该提供60~70克碳水化合物/小时，而碳水化合物的浓度不高于8%（每升饮料中含有80克的碳水化合物。对于长距离比赛，通过摄入多种可运输的碳水化合物，可能会使碳水化合物的摄入量增长至90克/小时。参见以下内容）。

- 该饮料应该包含钠（帮助液体吸收）。

- 该饮料不能包含太多其他的盐分（有些饮料盐分超标）。

我们要强调的一点是：不要在比赛中试用新的饮料。有时，运动员不能很好地适应一种饮料。如果在比赛中发现这一点，会给你带来麻烦。所以，运动员应该提前准备好在比赛中饮用的饮料，应该和常规训练中饮用的饮料一样。同样值得注意的是肠胃极具适应性，能习惯新的饮料和更大剂量的碳水化合物。众所周知，通常情况下，马拉松比赛中运动员不会饮用太多饮料。人们经常说运动员难以适应这些饮料，而其中的一个主要原因是运动员在训练中没有饮用过这些饮料。如果运动员在常规训练中饮用这些饮料，就能更好地适应这些饮料，而运动员的体能可能也会提高。

© PowerBar

创新之处

最近的科学研究主要关注如何提高饮料和不同碳水化合物种类特定组合中碳水化合物的摄入。例如，研究证明，与原先认为的"最大限度的碳水化合物摄入"相比，葡萄糖和果糖能够将碳水化合物的输送提升至75%。将饮料中碳水化合物的氧化限制到大约60克/小时的原因可能是肠子内部的转运蛋白已经饱和，已经竭尽全力提供60克碳水化合物/小时（参见图1）。为了增加身体吸收的碳水化合物的总量，可以食用另一种使用不同肠转运蛋白的碳水化合物。葡萄糖和果糖使用不同的转运蛋白，共同使用这二者时，摄入的碳水化合物的吸收和氧化速度会显著上升（参见图1）。这可能带来以下好处：（1）更多的能量输送；（2）吸收更多的碳水化合物，这样留在肠子中的碳水化合物就会变得更少，这能降低患上肠胃疾病的风险；（3）随着更多的碳水化合物被转运，水也朝同一方向流动，这也促进了液体输送。

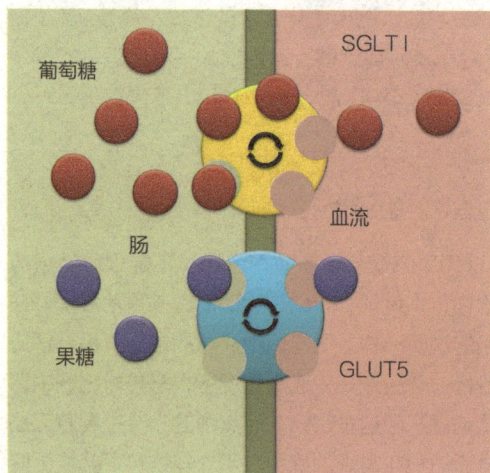

图1 碳水化合物在肠内的吸收
葡萄糖和果糖利用不同的转运蛋白（SGLT1和GLUT5）。葡萄糖转运蛋白（SGLT1）饱和时，只能通过另一种利用不同转运蛋白（GLUT5）的碳水化合物来增加总碳水化合物的吸收（并将其输送至活动肌）

现在一些研究表明，在某些情况下，较高的碳水化合物氧化速度对体能有利（参见表2）。这一项研究表明，与只摄入葡萄糖相比，摄入葡萄糖和果糖的混合物会增强8%的体能（柯尔等，2008）。在研究中，受试者先训练2小时，然后进行大约40千米的计时赛。葡萄糖能增强9%的体能。相比之下，葡萄糖和果糖的混合物能额外增强8%的体能。但必须注意的是，要想获得这种效果，必须摄入相当大剂量的碳水化合物，这有可能引起肠胃问题。容易被吸收的碳水化合物制品（如葡萄糖和果糖）看起来带来的负面影响最小，同时能优化碳水化合物的输送。一个有关该碳水化合物摄入的实例将在第25章进行讨论。

表2　　　　　　不同耐力比赛中碳水化合物摄入量的建议

运动	碳水化合物的选择			
	能量消耗	实现最佳表现和最小化负能量平衡所需的碳水化合物	推荐摄入量	碳水化合物类型
45分钟以内的耐力训练	>18千卡/分钟	不需要CHO	*	*
1小时的耐力训练	14~18千卡/分钟	微量CHO	*	*
超过2小时的耐力训练。低到中度训练强度	5~7千卡/分钟	少量CHO	高达30克/小时	大部分的CHO
超过2小时的耐力训练。中到高度训练强度	7~10千卡/分钟	适量CHO	高达60克/小时	可以快速被氧化的CHO
铁人三项 环法自行车赛 阶段性比赛	10~14千卡/分钟	大量CHO	高达90克/小时	摄入使用多种转运蛋白的碳水化合物

碳水化合物摄入策略

时间：碳水化合物的摄入能在45分钟或更长时间的训练中帮助增强体能。所以在比赛中或训练课程的质量很重要时，可以摄入少量碳水化合物。

种类：碳水化合物的种类对能量转化的速度有很大影响。碳水化合物的氧化速度越高，能量转化越快。例如，麦芽糖糊精和果糖，葡萄糖和果糖，或者葡萄糖、蔗糖和果糖一起能够得到最高的氧化速度。

方式：与液体输送相比，如何摄入碳水化合物，摄入的碳水化合物类型似乎对碳水化合物的输送相对而言不重要。高浓度的碳水化合物溶液会影响液体输送。通常情况下，人们建议在比赛开始时，先摄入一定剂量的碳水化合物来填满胃，然后每隔一定时间来使碳水化合物摄入量达到顶峰。

剂量：碳水化合物的摄入剂量由以下因素决定：（1）训练类型（训练强度和持续时间）（参见表1）；（2）碳水化合物（或碳水化合物组合）的种类；（3）个体耐受性（在训练过程中由训练决定），这有助于发现哪些碳水化合物能使你发挥优势。

第 5 章

水合作用：创新之处

阿斯克·约肯德鲁普

在过去的几年中，水合作用已经受到广泛关注。人们也对应该为运动员提供哪些建议争论不休。关于过度饮水和导致低钠血症的报告对当前的液体摄入习惯提出了质疑。当前的指导方针也受到了质疑。除了水合作用，在长距离比赛中提供燃料也很重要。因此，我们正在寻求能够同时提供燃料和液体摄入的最佳方式。

© Asker Jeukendrup

脱水影响体能的证据

通常情况下，长距离比赛结束时的疲劳表现在多个方面，导致这种表现的原因很复杂。疲劳可能是因为脱水，也可能是因为燃料基质的消耗造成的。现在已经证明个人因脱水造成体重降低 2%，运动表现就会受到影响。如果体重下降超过 5%，体能就会下降 30%。即便是高强度的训练也可能会受到脱水的影响。在凉爽的实验条件下，一个人的体液损失超过 3% 或更高时，最大的需氧代谢能力会下降 5%。在炎热的条件下，相似的水分亏缺能够造成最大摄氧量下降更多。相比在凉爽的环境，炎热的环境下人的耐力更容易受到影响。也就是说，受影响的温度调节是引起与身体水分缺失相关的体能下降的一个重要起因。如果严重缺水引起腹部绞痛、严重脱水以及危及生命的热中暑，那么严重缺水会带来健康风险。

各种研究也证明，运动中摄入液体有助于将血量恢复到接近赛前水平并阻止脱水给肌肉力量、耐力和协调能力带来负面影响。有争论说，根据是否感到口渴来作为喝水的信号是不可靠的，因为在明显想要摄入液体前，可能已经出现相当程度的缺水（足以影响运动表现）。这也是争论白热化的所在之处 [索卡（Sawka）等，2007b]。

争论

虽然有重要的身体证据表明脱水会影响运动表现，但诺克（Noakes）教授也警告说，将这些实验研究用于实际生活也会有很多问题（诺克，2007a和2007b）。诺克非但没有建议通过饮水来避免脱水，反而提倡根据口渴来饮水（诺克，2007a和2007b）。

诺克博士认为口渴和没有"脱水"是决定运动表现的因素。口渴是复杂原因的一部分，是由于大脑进行反映。其目的在于确保运动员在运动中摄入极少量的水就能继续运动，而不损害其健康。

口渴是由"脱水"的水平所驱动的，血浆渗克分子浓度（血浆浓度）发生变化，大脑就会捕捉到。渗透压是一个重要的自我平衡变量。复杂的原因也会在比赛中主动管理渗透压。根据诺克的解释，"脱水"不是运动表现不佳的直接"原因"。相反，为了确保大脑的渗透压仍然在自我平衡的范围内，运动表现在一定压力条件下会受到影响（受损）。诺克博士还指出，在口渴之前喝水来防止脱水的常见建议有时可能会导致过量饮水并引起低钠血症。最后他提出，脱水可能有时是有益的表现，因为马拉松中跑得最快的是那些脱水最严重的人。口渴是一个基本的生理本能，人体使用这项生理本能来维持体液的正常浓度。诺克博士的部分理由是：人类数千年来进化的口渴机制是所有这个地球上其他生物也使用的唯一的系统。为什么它对人类不是最理想的？

指导方针

直到20世纪70年代初，液体摄入的指导方针是在运动中不摄入液体。在接下来的几年中，研究表明脱水会导致运动表现下降，而摄入水分会提高运动表现（和不摄入水分相比）。指导方针也得到相应的发展。到1996年，指导方针指出"在运动员能承受且未引起肠胃不适的情况下，应鼓励运动员在比赛中摄入与在比赛中流失的汗水相当的水量。"这就被有些人曲解为"尽可能地多补充水分"。从那时候起，美国运动

> 在比赛中喝水的目的是防止过度脱水（因水分流失导致>2%体重下降BW）和电解质平衡的过度变化，以免影响运动成绩。

© Asker Jeukendrup

医学会（American College of Sports Medicine）将这条建议改为"在比赛中喝水的目的是防止过度脱水（因水分流失导致>2%体重下降BW）和电解质平衡的过度变化，以避免影响运动成绩。"水分补充的剂量和频率取决于个人的出汗率、运动时长以及喝水的机会（索卡等，2007a）。定期测量体重可以帮助确定出汗损失。表1是对不同体重和出汗率的人的出汗率预估值。

有必要在文本和表格或数字布置方面保持一致吗？（参看表1）。问题总是位于表的上方还是下方？（参见表1）。我并未全文查找。也许这根本不重要。

表1　　根据在马拉松比赛中使用不同的步速和摄入不同剂量的液体而预估的体重下降（约占体重的百分比）。橘色突出显示的是不充分的液体摄入（导致体重下降超过3%）或过量摄入液体（体重增加）

1英里=1.61千米

马拉松时长（小时）		05:00	04:30	04:00	03:30	03:00
步幅（分钟/英里）		11:30	10:20	09:12	08:00	06:55
步速（英里/小时）		8.4	9.4	10.6	12.1	14.1
出汗率（升/小时）		0.4	0.5	0.6	0.8	1
体重50千克	0.0	-4.0%	-4.5%	-4.8%	-5.6%	-6.0%
	0.2	-2.0%	-2.7%	-3.2%	-4.2%	-4.8%
	0.4	0.0%	-0.9%	-1.6%	-2.8%	-3.6%
	0.6	2.0%	0.9%	0.0%	-1.4%	-2.4%
	0.8	4.0%	2.7%	1.6%	0.0%	-1.2%
	1.0	6.0%	4.5%	3.2%	1.4%	0.0%
体重65千克	0.0	-3.1%	-3.5%	-3.7%	-4.3%	-4.6%
	0.2	-1.5%	-2.1%	-2.5%	-3.2%	-3.7%
	0.4	0.0%	-0.7%	-1.2%	-2.2%	-2.8%
	0.6	1.5%	0.7%	0.0%	-1.1%	-1.8%
	0.8	3.1%	2.1%	1.2%	0.0%	-0.9%
	1.0	4.6%	3.5%	2.5%	1.1%	0.0%
体重80千克	0.0	-2.5%	-2.8%	-3.0%	-3.5%	-3.8%
	0.2	-1.3%	-1.7%	-2.0%	-2.6%	-3.0%
	0.4	0.0%	-0.6%	-1.0%	-1.8%	-2.3%
	0.6	1.3%	0.6%	0.0%	-0.9%	-1.5%
	0.8	2.5%	1.7%	1.0%	0.0%	-0.8%
	1.0	3.8%	2.8%	2.0%	0.9%	0.0%

咖啡因、肌酸和甘油

咖啡因一直被认为是一种利尿剂。因此，人们经常建议运动员避免食用咖啡因，尤其是比赛之前和比赛期间。早期研究使用较大剂量的咖啡因（>300毫克）。但最近的研究使用相对较小剂量的咖啡因。在休息或运动时，咖啡因并没有促进脱水。根据当前的证据，没有理由限制摄入低于300毫克的咖啡因（参见表2）。

肌酸是许多力量运动员使用的一种补充剂。肌酸的摄入通常会增加体重，因为这样水分就会储存在细胞内。有争论说水分是从脉管中提取出来，所以应该限制肌酸的摄入。但是，没有证据表明摄入正常剂量的肌酸会增加热应力或降低炎热条件下的表现。根据目前的证据，关于限制肌酸摄入的建议毫无根据（参见表2）。

> 大部分的补充剂是有时来增加水分保持的。但是在赛前，水合作用并不是很现实并且/或者会有副作用。

甘油是一种超保湿剂，有时会用于比赛。甘油能增强水分储存，在某些情况下，也能防止热应力。也有一些研究表明，甘油有助于提高运动表现。但是，摄入甘油并不是很现实，也会带来副作用。运动员需要喝很多水才能摄入较大剂量的甘油，还经常伴随头痛。出于这些原因，甘油的水合作用不是一种很好的策略（参见表2）。

表2　　　　　　　　　　　**补充剂及其对水合作用的影响**

补充剂	说明	证据
咖啡因	咖啡因是一种利尿剂，应避免在赛前和赛中服用	适量的咖啡因（最多300毫克）不是一种利尿剂。也没有理由限制摄入少于300毫克的咖啡因
肌酸	肌酸增加水分存储，消除血管中的水分，并增强热应力	没有证据表明肌酸会增强热应力或者降低炎热环境中的体能
甘油	甘油是一种超保湿剂，增加水分储存，减少热应力，提高高温下的运动体能	甘油可以增加水分存储，降低极端条件下的热应力。有些报告指出甘油还能增强体能。但是，甘油的食用不是很现实并且也会带来副作用

热痉挛

训练时间更长、强度更大以及在炎热的环境中，运动员频繁出现抽筋。抽筋基本上是一种活动过度的表现，会导致痛苦的不随意肌收缩。热痉挛与大量出汗（盐分和水分流失）有关。热痉挛和运动相关的抽筋的区别很细微，但是如果摄入钠就能解决抽筋，那这就是热痉挛。因此，看起来摄入钠就能有效地治疗热痉挛。但是，现在我们很难估计钠的流失量，因此我们也难以预计运动员在极端条件下需摄入的钠剂量。钠的摄入不一定非得在比赛中。在比赛前一天，运动员可以在吃饭时摄入钠。虽然热痉挛的精确病理原因尚不明确，而且我们也难以调查其病理原因，但是看上去钠流失是导致抽筋的一个重要因素。

能量与水分相结合

尤其是在长时间运动中，碳水化合物储备耗尽，除了水分摄入，碳水化合物摄入也是很重要的。但众所周知，增加碳水化合物摄入量（增加碳水化合物的浓度）会影响水分的吸收。大多数运动饮料含有4%~8%碳水化合物，这样对水分吸收的影响仍然是可接受的。如果碳水化合物的含量超过10%，人们普遍认为胃的排空和水分吸收都会受到阻碍，即使会提供更多的碳水化合物也是如此。最近，我们建议长距离比赛中摄入较多的碳水化合物，大约是90克/小时（1.5克/分钟）。有趣的是，与传统的包含一种碳水化合物的运动饮料相比，以葡萄糖和果糖的形式摄入如此大剂量的碳水化合物后，提供给活动肌的碳水化合物也增加了（参见图1）（约肯德鲁普等，2006），体能也提升了8%。

> 虽然热痉挛的精确病理原因尚不明确，而且我们也难以调查其病理原因，但是看上去钠流失是导致抽筋的一个重要因素。

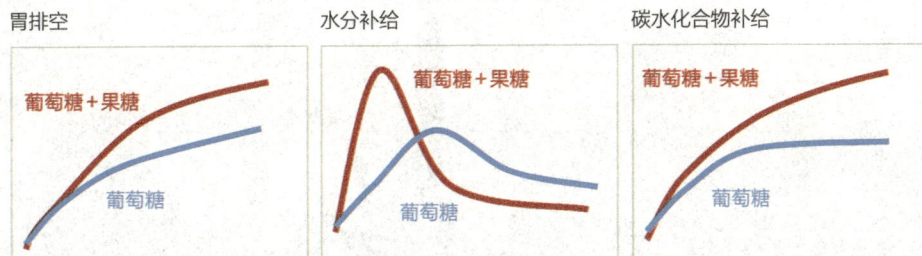

图1 与单一的碳水化合物（葡萄糖）相比，多种可转化的碳水化合物，比如葡萄糖和果糖（GLU+FRU），看起来能够加速胃排空，从而导致更多的水分和碳水化合物补给。图片来自约肯德鲁普等，2008，约肯德鲁普，2006）

假如需要消耗大量的液体，只能通过密集的碳水化合物溶液来提供如此大量的碳水化合物。例如，想要一小时摄入90克的碳水化合物，就必须饮用750毫升含有12%碳水化合物的溶液或者饮用1.5升含有6%碳水化合物的溶液。每

> 在某些情况下，葡萄糖和果糖混合型饮料比葡萄糖饮料能实现更快的胃排空和液体输送。

小时饮用1.5升的液体并不是很实际，甚至根本不可能。或者是饮用一种浓缩度更高的溶液，根据现有的信息，这会降低液体摄入。但是，一些研究使用稳定同位素来标记饮用水并研究液体摄入。这些研究表明葡萄糖和果糖的混合物有助于加快胃排空。与单一的碳水化合物相比，这是一种优秀的液体摄入（参见图1）。因此，如果两种碳水化合物和液体摄入都重要且运动时间超过2小时，我们建议饮用含有多种可传输碳水化合物的溶液，并且保证每小时摄入60~90克的碳水化合物。

第6章

脂肪燃烧：方式和原因

阿斯克·约肯德鲁普

脂肪燃烧是一个非常受欢迎且在耐力运动员中经常使用的术语。包括脂肪燃烧锻炼，燃烧脂肪的营养补充（脂肪燃烧剂），健身房的健身器材也有脂肪燃烧选项和心率监视器，它们会告诉你何时处于脂肪燃烧区。脂肪燃烧是指能够氧化（燃烧）脂肪的能力和将脂肪作为能量，而不是碳水化合物。通常燃烧脂肪与减肥有关，减少身体脂肪含量并增加瘦肉组织。但需要注意的是，这种体重和身体成分的变化只能带来一种负面的能量平衡。你必须吃比所预计的更少的卡路里，远离你使用的燃料。需要明确的一点是，加强脂肪氧化并不意味着减少身体脂肪含量或减少体重。在本章中，我们将讨论脂肪燃烧的重要性，以及会影响燃烧脂肪的最重要因素和可能加速燃烧脂肪的营养补充剂。

> 虽然没有证据表明这一点，但是人们更倾向于认为，结合一种负面的能量平衡，脂肪氧化能力的增强也许可以帮助想要减肥，特别是想要减掉身体脂肪的人。

脂肪代谢的重要性

现在越来越清楚的是，脂肪的氧化能力对体能和健康很重要。同样明确的是，训练有素的耐力运动员更具有氧化脂肪酸的能力。这使得他们在碳水化合物存储有限时可以使用脂肪作为燃料。相反，肥胖症患者、胰岛素耐受者和二级糖尿病患者氧化脂肪的能力有限。结果是，脂肪酸可能存储在肌肉和其他组织结构中。肌肉和代谢分子中的油脂积累可能会影响新陈代谢运转。虽然还没有证据证明这一点，但人们普遍认为如果结合消极的能量平衡，加强脂肪氧化能量也许对想要减肥，特别是减身体脂肪的人会有帮助。

影响脂肪氧化的因素

表1列出了影响脂肪氧化的因素。我们会在接下来的小节中讨论这些因素。并非所有因素都同等重要。因此我们根据现有的证据，按照重要性对这些因素进行排序。运动强度和饮食是最重要的因素，我们首先讨论这两个因素。

表1　　　　　　　　　　　　　**影响底物代谢利用的因素**

运动强度	
饮食摄入	特别是碳水化合物的摄入有可能减缓脂肪氧化
运动时长	运动的时间越长，脂肪氧化的速度就越快
运动类型	与自行车运动相比，跑步看起来能增强脂肪氧化
性别	女性比男性的脂肪氧化速度快一点
种类有限的增强脂肪氧化的补充剂	咖啡因和绿茶萃取物
海拔	减缓脂肪氧化
较高的环境温度	减缓脂肪氧化
非常寒冷的环境	减缓脂肪氧化

运动强度

　　在运动中，决定脂肪氧化速度的一个重要因素就是运动强度。虽然一些研究已经表明了运动强度和脂肪氧化之间的关系，但是直到现在才开始研究脂肪氧化和各种运动强度之间的关系（阿克腾等，2003b）（参见图1）。从严格意义上讲，研究表明脂肪氧化速度随运动强度的增加而增加。一开始，脂肪氧化的速度增加，但是运动强度再增强时，脂肪氧化的速度就降低了（参见图1）。因此，人们经常说利用较低的运动强度来氧化脂肪，也不一定就是正确的。

> 这个运动强度（氧化强度）或"区"可能对减肥项目、与健康有关的锻炼计划、耐力训练项有重要意义。

　　在最近的一系列研究中，我们已经定义了在哪个运动强度可将最大脂肪氧化视为氧化强度。在一组受训人员中，我们发现中等强度的运动 [62%~63%VO$_2$max（最大摄氧量）或 70%~75%HRmax（最高心率）（图1）] 是氧化脂肪的最佳训练强度。对于不经常训练的人来说，大约是50%VO$_2$max（阿克腾等，2003b和约肯德鲁普等，2005）。值得注意的是个体差异很大。接受过训练的人的最大脂肪氧化率是70%VO$_2$max或45%VO$_2$max。真正得到脂肪氧化在哪个运动强度达到峰值的唯一方式是在实验室中进行氧化强度实验。但实际上，脂肪氧化在哪个运动强度达到峰值可能不重要。因为，即使运动强度有5%~10%（或每分钟10~15次心跳）的浮动，脂肪氧化的速度也基本一样高。只有运动强度大约高出20%，脂肪氧化速度才会迅速下降（参见图1）。这个运动强度（氧化强度）或"区"可能对减肥项目、与健康有关的锻炼计划、耐力训练项目有重要意义。但是，直到今天也很少有关于此领域的研究。

脂肪氧化（克/分钟）

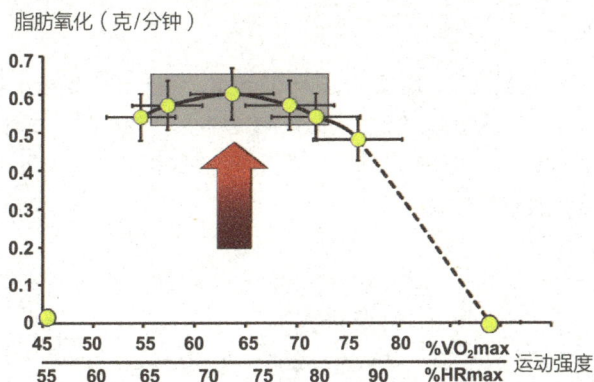

图1 运动强度（用%HRmax和%VO₂max表示）和脂肪氧化运动强度由低到中增强时，脂肪氧化速度加快并且氧化强度到达顶峰。运动强度进一步加强时，脂肪氧化速度下降。灰色区域表示脂肪区：脂肪氧化速度较高的运动强度范围

饮食影响

另一个重要因素是饮食。富含碳水化合物的饮食会抑制脂肪氧化，而碳水化合物含量低的饮食会加快脂肪氧化速度。在运动前1小时摄入碳水化合物会加快胰岛素的分泌，结果导致抑制高达35%的脂肪进行氧化（阿克腾等，2003a）。饭后胰岛素对脂肪氧化的影响长达6~8小时，这意味着一夜之间脂肪氧化的速度迅速达到顶峰。耐力运动员经常通过早上空腹运动来增强肌肉的脂肪氧化能力。最近，比利时鲁汶大学进行了一项研究。在这项研究中，他们调查了耐力训练项目（一共持续6周，每周3天，每天1~2小时）的成果[德·博克（De Bock）等，2008]。参与者或者进行快速训练或者给予碳水化合物。调查者发现，在快速训练过程中，肌糖原使用下降，而用于脂肪代谢的各种酶更加活跃。但是，两组测试者在运动中的脂肪氧化速度一样。虽然快速训练后，脂肪代谢也有可能存在细微却重要的变化。在这项研究中，脂肪氧化的变化可能被测试者在实验过程中摄入碳水化合物的事实所掩盖。研究已经表明，在经过一夜后，训练可能会降低运动能力。因此，这可能只适用于低中等强度的训练课程。这种训练对减轻体重的效果尚未可知。

© fotolia, Christian Jung

运动时长

很早以前人们就已经确定，随着运动时长的增加，脂肪氧化成为越来越重要的燃料。在超耐力运动中，脂肪氧化可以达到1克/分钟的峰值，即使运动前或期间摄入碳水化合物可能降低脂肪氧化速度也是如此，就减肥而言，运动时长可能是一个关键因素。因为运动时长是增加能量消耗的最有效方式。

运动类型

运动类型也会影响脂肪氧化。研究已经证明，与自行车运动相比，徒步和跑步过程中耗氧量会比较少量，所以自行车运动脂肪氧化的速度较快（阿克腾）。虽然造成这种现象的真正原因尚不明确，但是人们建议，与跑步相比，自行车运动会使肌肉产生更大的力量输出。

性别差异

虽然文学中有些研究已经发现新陈代谢没有性别差异，但现在大部分的研究表明，与男性相比，女性的脂肪氧化速度较高。一项各由150名男性和女性在各种运动强度下进行对比的研究表明，女性在所有运动强度中都具有较高的脂肪氧化速度，而且她们的脂肪氧化速度还会在一个稍高的强度达到顶峰[维纳布尔斯（Venables）等，2005]。但是，这些差异很小，也可能没有重大的生理意义。

环境

环境条件也会影响底物代谢利用。我们也知道炎热环境下进行运动会增加糖原的使用并降低脂肪氧化。这种现象在较高的海拔也会发生。相似的是，在极其寒冷的环境下，特别是人瑟瑟发抖时，碳水化合物的代谢会受到脂肪代谢的刺激。

运动训练

目前，运动中增强脂肪氧化的唯一有效方式是进行常规身体活动。这将加强管理脂肪氧化的酶并增强线粒体的质量和血流。这些都会促使脂肪氧化速度加快。研究已经表明，仅仅4周的常规训练（每周3次，每次30~60分钟）就能增加脂肪氧化速度并使酶发生变化[霍罗兹（Holloszy）等，1984]。但是，几乎没有信息能得出关于最佳训练项目达到这些效果的结论。

减轻体重或身体脂肪的运动项目

对减肥来说，最好的运动类型、运动强度和运动时长是什么尚未清楚。当前的建议主要是不断增加能量消耗并参与到运动中去。找到用于脂肪氧化的最佳运动强度可能有助于减肥（减少脂肪）和维持体重。但是目前还缺乏证据。同样重要的是，我们应该意识到实际上运动中氧化的脂肪量很小。在最佳运动强度下，脂肪氧化的平均速度是 0.5 克/分钟。这意味着想要氧化 1 千克的脂肪，需要超过 33 小时的持续运动。在 50%~65% VO$_2$max 的情况下徒步或者跑步看起来是氧化脂肪的最佳运动强度。运动时长也能发挥重要的作用，因为运动时间越长，能量消耗和脂肪氧化的速度就越快。当然，这也有可能增加日常的能量消耗。如果运动是唯一使用的方式，通常情况下，主要目标是增加能量消耗和减少身体脂肪。但结合一个饮食计划，就可能主要解决体重减轻后经常发生的脂肪氧化速度降低的问题 [阿斯楚普（Astrup），1993]。

营养补充剂

市场上有很多营养补充剂宣称能加快脂肪氧化速度。这些营养补充剂包括咖啡因、肉碱、羟基柠檬酸（HCA）、铬、共轭亚油酸（CLA）、瓜拿纳、酸橙、人参、辣椒、薄荷科植物、葡甘露聚糖、绿茶、车前草和丙酮酸盐（参见表 2 列出补充剂）。毫无例外，几乎没有或者只有很少的证据表明这些特别的补充剂能够真正增强运动中的脂肪氧化（约肯德鲁普等，2004）。我们会在下面的章节中讨论三种补充剂（参见表 2）。

肉碱

肉碱是一种最流行的脂肪燃烧器。很久前就有这种说法，而且这种说法在 20 世纪 90 年代非常流行。当时意大利球队赢得世界杯冠军并透露他们服用肉碱。肉碱是身体产生的一种物质，但是也可以通过摄入食物来获取。肉碱大部分存在于肉类中并且在脂肪新陈代谢中发挥重要作用。

> 虽然目前尚未明确哪种训练规则能实现最大的提升，但运动训练是增加脂肪氧化的唯一有效方式。

肉碱负责将脂肪转化为线粒体（细胞中能够为肌肉提供能量进行肌肉收缩的动力装置）。因此，不能合成肉碱的病人是无法使用脂肪作为燃料的，而且必须只依赖碳水化合物。关于肉碱补充有助于脂肪代谢的整个理论是以摄入肉碱并且肉碱能够进入肌肉，而且肌肉中的肉碱浓度上升为前提的。但 20 世纪 90 年代的研究表明，即使摄入大剂量的肉碱，肌肉肉碱浓度也不会受到影响。因此，肉碱并非像预期的那样能够影响脂肪新陈代谢。虽然运动员依旧购买肉碱，但科学家已经对肉碱失去兴趣。保罗·格林哈弗（Paul Greenhaff）教授和他的同事在诺丁汉大学的研究表明，如果一个人可以增加肌肉中的肉碱浓度，他的脂肪代谢就会加快。他们通过突然增加胰岛素浓度并提供肉碱来增加肌肉中的肉碱浓度。

虽然如果与碳水化合物相结合，肉碱可能会有一些效果，但是从长远来看，现在得出这种结论还为时尚早。事实上，大部分研究还没有发现肉碱的任何效果。

绿茶或绿茶萃取物

　　绿茶含有许多推荐的医药成分。实际上，也有一些证据表明绿茶能预防各种疾病。最近的研究已经关注绿茶对脂肪新陈代谢的影响。虽然其中90%的研究都是在动物而非人类身上进行，但结果却令人鼓舞。最近的研究表明，进行30分钟的自行车运动前一晚和前1小时摄入绿茶萃取物会使脂肪新陈代谢上升20%（维纳布尔斯等，2008）。绿茶萃取物主要含有茶多酚。茶多酚是绿茶中的一种活性成分。茶多酚是一种最强的具有抗氧化成分的酚类，它能够加快酶分解儿茶酚胺（肾上腺素和去肾上腺素）的速度。反过来这会导致儿茶酚胺的浓度更高并刺激脂类分解，从而产生更多用于氧化的脂肪酸。还有一些证据表明茶多酚能够加快新陈代谢速度，这可能有助于减肥。绿茶萃取物是活性成分的浓缩。想要使脂肪氧化的速度提升20%，需要摄入很大剂量的绿茶萃取物。这相当于饮用一升的绿茶。目前，我们正在研究小剂量绿茶的功效。

咖啡因

　　通常咖啡因和加快脂肪氧化有关系。但是否咖啡因真的具有这种功效主要取决于运动类型和咖啡因的剂量。一般情况下，在较低的运动强度和摄入相对较小剂量咖啡因的情况下，咖啡因对脂肪新陈代谢才有效果。如果摄入较大剂量的咖啡因和采用更高的运动强度，会刺激碳水化合物新陈代谢，甚至会抑制脂肪新陈代谢。一些"脂肪燃烧器"至少含有一些咖啡因。

　　早餐需要喝一杯咖啡？也许不需要太多。这是因为通常情况下，早餐含有一些碳水化合物。这会释放胰岛素从而抑制脂肪新陈代谢。所以，虽然咖啡因会稍微刺激脂肪新陈代谢，但是这种效果会被胰岛素完全抵消。

　　实际上，所有补充剂都是这种情况。脂肪更快新陈代谢可能只会在睡醒后吃早餐前能看得见。因此，可能无法轻松做出选择。你仍旧需要运动。为了刺激脂肪新陈代谢，你可能需要不吃早餐就进行运动。

© Asker Jeukendrup

可以在每周的训练计划上列出脂肪燃烧运动课程。但一周之内多次进行这种课程可能不是一个好主意。

小结

通常情况下，运动中较高的脂肪氧化速度反映出一种好的训练状态。较低的脂肪氧化速度可能与肥胖和抗胰岛素性有关。一般情况下，脂肪氧化速度在中等的运动强度下达到顶峰，是50%~60% VO_2max，与个人的训练状态有关（阿克腾等，2003和维纳布尔斯等，2005）。脂肪氧化的速度会因运动时长的增加而加快，却会受到所摄入的碳水化合物的抑制。与男性相比，女性脂肪氧化的速度较高。同样，海拔和炎热（或者极其寒冷）的环境也会加快碳水化合物新陈代谢而抑制脂肪氧化。虽然许多营养补充剂宣称能加快脂肪氧化速度，但是大部分的营养补充剂没有这种功效。

虽然目前尚未明确哪种训练规则能实现最大的提升，但运动训练是增加脂肪氧化的唯一有效方式。最后，值得注意的是，脂肪氧化有很大的个体差异性，这只能通过上述因素来解释一部分原因。这意味着即使某些因素能够影响脂肪氧化，它们在个人脂肪氧化速度方面的功效也是具有很高的个体差异的。而我们对此也难以预测。

表2　　　　　　　　　**营养补充剂和其加快脂肪新陈代谢的科学证据**

营养补充剂	证据	脂肪燃烧成分（宣称）
咖啡因	• • • • •	咖啡因刺激脂类分解和脂肪酸活动。这些可能通过更高的儿茶酚胺循环水平来间接实现或者通过对抗腺苷受体来直接实现。腺苷受体抑制对激素敏感的脂肪酶和脂肪酸的氧化。在某些情况（但并不是所有情况）下，这会加快脂肪氧化
肉碱	• • • • •	肉碱对脂肪氧化至关重要。因为它需要将脂肪酸输送到线粒体。研究已经表明，肉碱补充剂可能无法增加肌肉肉碱补充。因此，发现肉碱没有脂肪氧化的功效也不是一件奇怪的事情。尽管如此，肉碱依旧被显著标记为脂肪燃烧器。新的研究已经提供新的观点
辣椒（辣椒素）	• • • • •	一直以来辣椒被用作一种药。最近，辣椒又有可能用作一种脂肪燃烧补充剂。辣椒含有辣椒素，这有可能增加代谢速度并刺激循环
铬	• • • • •	几年前，铬是一种非常流行的补充剂。铬与胰岛素敏感性和脂肪燃烧器相关。但是没有证据表明铬具有脂肪新陈代谢的功效

续表

营养补充剂	证据	脂肪燃烧成分（宣称）
酸橙	●●●●●	酸橙（来自苦酸橙）含有5种肾上腺素的胺类，包括脱氧肾上腺素和酪胺。这会刺激β3细胞受体和脂类分解
毛喉鞘蕊（毛喉素）	●●●●●	毛喉鞘蕊是一种古代草药。最近，它作为一种被称作毛喉素的脂肪燃烧器萃取物而受到广泛关注。它存在于薄荷科植物中，人们发现它有助于燃烧脂肪。毛喉素刺激腺苷酸环化酶，反过来这会引起环腺苷酸的增加，这就加强了环腺苷酸使系统释放存储脂肪的能量
共轭亚油酸（CLA）	●●●●●	脂肪酸和特殊成分（特别是抗氧化成分）有关。但是它与加强脂肪新陈代谢也有关系。这方面的证据很匮乏
瓜拿纳	●●●●●	瓜拿纳的活性成分瓜拿纳因基本和咖啡因一样，它具有和咖啡因相似的成分。与对咖啡因的研究相比，对瓜拿纳因的研究要少得多
人参（亚洲人参）	●●●●●	2 000多年前，亚洲人参（人参）就是中药的一部分，并一直被用来提升脑力和体力。但是缺乏关于人参是否含有脂肪燃烧成分的证据
葡甘露聚糖	●●●●●	葡甘露聚糖是一种东南亚魔芋中含有的食用纤维。葡甘露聚糖之所以是脂肪燃烧补充剂的一种，可能是因为它会影响胃口（食物摄入）。而纤维本身对脂肪新陈代谢没有任何功效
绿茶	●●●●●	绿茶中的活性成分是多酚，特别是儿茶酸和茶多酚。但是，绿茶中也含有咖啡因。最近的研究表明，运动中的脂肪氧化能增加20%
羟基柠檬酸（HCA）	●●●●●	HCA是柠檬酸的衍生物，主要存在于各种热带植物中。没有任何证据表明羟基柠檬酸有脂肪新陈代谢的功效
丙酮酸盐	●●●●●	丙酮酸盐是碳水化合物新陈代谢的一种媒介。正因为如此，我们难以确定如何通过摄入丙酮酸盐来增加脂肪氧化。尽管如此，人们经常宣称丙酮酸盐可以增加脂肪新陈代谢

续表

营养补充剂	证据	脂肪燃烧成分（宣称）
车前草	● ● ● ● ●	车前草是来自车前属车前草植物的红黑色小种子内的一种可溶性纤维。与葡甘露聚糖一样，车前草因为其对胃口（食物摄入）有影响而被认为是一种脂肪燃烧器。但是，纤维本身对脂肪新陈代谢没有任何影响
铬氨酸	● ● ● ● ●	铬氨酸是不是一种用来刺激儿茶酚胺的氨基酸。人们猜测摄入较多的氨基酸会导致儿茶酚胺浓度增加并促进脂类分解。但是没有证据支持这一观点

我们用绿色圆点表示科学证据

● 　　几乎没有证据

● ● 　　有限的证据

● ● ● 　　有证据

● ● ● ● 　　强有力的证据

● ● ● ● ● 　　证据确凿

第7章

康复营养学

路易斯·布尔克

　　单一训练课程或训练活动中应该做好一件事。大部分运动员需要能够恢复过来，以便进行下一次训练课程、参加半决赛或者下一次锦标赛比赛。运动生涯能否获得成功最终取决于他们管理自己康复需求的能力。康复包含一系列的问题和策略。以下是运动员需要了解的一些问题：

- 训练课程后需要修复什么？

- 什么营养物质能够促进修复？应该使用多大剂量的营养物质？

- 什么样的食物和饮料能够提供这些营养物质？

　　由于运动项目和整体的营养目标不同，所以每个运动员的答案都不一样。

© fotolia, Ivonne Wierink

重聚能量

漫长的高强度训练或锻炼会消耗肌肉燃料（糖原）存储。碳水化合物摄入和摄入时间是恢复燃料水平的两大重要因素。糖原存储的速度相对较慢——大约需要24小时才能填满燃料池。但这同从食物中获取碳水化合物和通过补充水分来生成糖原有关系。个人所消耗的糖原取决于个人初始的消耗水平和下一次训练所需的糖原。运动营养学设定的日常碳水化合物目标能够实现某些一般的目标。同时也说明了从针对每天30~60分钟燃料需求的休闲慢跑者的3~5克/千克体重，到需要每4~8小时就补充能量的环法自行车手的10~12克/千克体重范围（参见第2章表1）。我们应该将这些作为一个起始点，每位运动员都应该通过实验找到能够满足自身需求和目标的物质。

肌肉细胞的研究表明，这些肌肉细胞在训练课程结束后的几小时存储糖原的速度要更快。许多人已经证明了这一事实，并称其为重聚能量的"黄金窗口"。但是，正如先前所述，碳水化合物供给是打开重聚能量之窗最重要的因素。实际上，一些运动营养学家更喜欢在运动员练习或比赛后消耗富含碳水化合物的食物和饮料才能有效地重聚能量的说法。如果距离下场比赛有很长一段时间（例如超过8~24小时），浪费一两个小时再重聚能量也不是很重要的一件事情。但是，如果能量要求较高的两个赛事之间的间隔较短，尽可能快地重聚能量就很有必要。困难在于，可能需要回家食用富含碳水化合物的小吃或饭菜或携带适当的富含碳水化合物的饮料和食物到训练或比赛场地。首先要满足1克碳水化合物/千克体重。每小时重复一次，直到进餐模式满足日常的能量需求。

> 人们经常说有重聚能量的机会之窗。但是，碳水化合物供给是打开重聚能量之窗最重要的因素。

人们也曾对是否某些富含碳水化合物的食物或零食比其他食物更能重聚能量感兴趣。一份研究表明，与含有血糖指数较低的食物（例如豆类、扁豆和粥）相比，含有中到高血糖指数的食物，例如面包、片状的早餐谷物、米饭和大部分的水果/果汁能更有效地促进糖原存储。但是，考虑一些实际因素可能更重要，比如食物和饮料是否合口以及食物和饮料能够提供的营养价值。如下所述，全面的修复也需要蛋白质、电解质和液体。而选择能够立即提供所有营养物质的食物来源是一个明智的计划。此外，运动员需要将训练后的修复饮食作为他们整体营养计划的一部分。如果处在能量极限的时候只是通过食用大量高脂肪/高热量的碳水化合物来快速增加日常能量预算，或忽略将其作为一种满足日常维生素、矿物质和其他有利健康的食物成分的机会，那么这并没有多大意义。能够混合食物并平衡食物来实现一些目标的运动员能从他们的修复饮食中受益颇多。

一旦采用修复饮食，如何在一整天内实施该饮食计划？大部分研究表明，在一整天的修复中，肌肉从大餐还是从很多小零食中获取碳水化合物看起来不是那么重要，至少从糖原存储方面来说是这样的。只要能够以自己的方式满足一天的总碳水化合物需求（并考虑到运动课程结束后尽早食用碳水化合物的益处），具体的时间就可依个人而定。对一些人来说，放松地吃吃喝喝可能补充不了那么多的能量，但是能带来乐趣。但一些运动员可能无法一整天都能接触到食物或者有食用食物的机会，对他们而言，例行吃一些大餐可能更合适。

再水合

即使运动员在赛前或赛中饮用一些液体，他们完成比赛后也可能有不同程度的缺水。理想情况下，在一场训练或比赛结束后，运动员想要完全恢复流失的水分来迎接下一场比赛。对于水分流失超过2%体重和比赛间隔短于6~8小时的情况来说，运动员难以做到这一点。正常情况下，口渴和尿液流失能够很好地提醒并帮助我们解决液体流失并维持液体平衡。但是，在一些严重的压力情况下，比如延长比赛或温度或海拔突然发生变化，口渴可能不是一个充分维持液体平衡的刺激因素。这就是液体计划发挥作用的地方。该计划需要考虑液体的量、时间和类型（参见第5章）。

因为有时可在比赛中摄入水分，所以修复饮料应当口味不错，这样运动员才愿意饮用它们。但是，只是饮用与比赛中（粗略地说是体重变化）流失的水分相等的饮料不能真正地恢复液体平衡。毕竟，我们在接下来的几小时内要一直出汗和排尿。由于我们饮用的饮料类型和饮用时间不一样，所以可能愿意饮用某种饮料或者在不必要的休息站浪费很多饮料。通常来讲，赛后的水分流失达到125%~150%时需要补充水分，以弥补正在流失的水分并确保在修复的前4~6小时就已经恢复水分平衡。这意味着如果赛后体重减轻1千克，运动员就需要在接下来的几小时内补充1 250~1 500毫升的水分。但是，如果流汗严重，我们还需要补充电解质，特别是钠（盐），以便保持水分和再次使体液压力保持平衡。含有很多电解质的饮料中含有很多钠，比如用于脱水或腹泻等临床病例的口服溶液或者一些含有特别高盐分（忍耐力）的运动饮料品牌。或者，可以从修复饮食和零食中获取盐分。或者直接将盐分加入到食物中。

> 只是饮用与比赛中（粗略地说是体重变化）流失的水分相等的饮料不能真正地恢复液体平衡。

> 我们可以很简单地从以肉类、鱼或鸡肉为主的"正餐"中获取用于蛋白质合成的蛋白质剂量。对于那些计划在正常饮食前完成日常训练活动的运动员而言，这些都能在日常饮食中获得。

修复和适应

许多运动后的修复和适应主要依赖于新蛋白质的产生。运动的刺激点能表明需要产生哪种蛋白质。例如，抗阻训练刺激新的结构蛋白质的合成，以便使肌肉变得更大更强。耐力训练可使肌肉变得更适合该项训练——例如酶能更快地将脂肪转换为一种燃料或者转运蛋白可帮助肌肉从血流中吸取葡萄糖，或者将脂肪转化为可在其中进行氧化的线粒体。训练开始几小时后，蛋白质合成的速度就加快了。新的研究表明，训练或比赛后如果运动员在修复阶段食用蛋白质含量较高的食物，就有可能获得更好的修复和适应（参见第 9 章和第 11 章）。现在我们只要记住，在重要的训练或训练后需要进行修复时在饮食中添加蛋白质的价值。看起来当选择富含蛋白质的食物，特别是动物性食品，例如乳制品、肉类和蛋类，即便分量很小，也能有很好的效果。仅仅 10 克的蛋白质就能刺激蛋白质合成，从而提供高达 20~25 克的蛋白质。这常见于以肉类、鱼类或鸡肉为主的主食。所以对于那些计划在正常饮食前完成日常训练活动的运动员而言，这些都能在日常饮食中获得。但是，如何从便餐和零食中获取蛋白质（参见表 1）。

保持健康

保持健康和避免受伤是运动的一个重要目标。给免疫系统和骨骼太多压力是努力训练以便最快适应的一个负面影响。因此，修复饮食应该有助于免疫功能因素以及使我们保持健康和避免伤到其他系统。这是修复营养学未深入研究的领域。在现阶段，我们无法提供绝对的规则来规定所需的食物，但是我们可以提供一些一般准则：

- 摄入碳水化合物，免疫系统能够发挥最大的作用。一般来说，紧张的训练会抑制免疫功能并使"机遇之窗"出现漏洞。在训练结束后，人最有可能受到病毒的攻击。确保在训练前、训练中和训练后很好地补充能量，这有助于减少紧张的训练带给免疫系统的免疫抑制效果（参见第 15 章和第 16 章）。

- 对免疫系统和骨骼健康而言，充足的能量很重要。因此，在关键训练和比赛中避免能量不足很有意义。故意减轻体重或减少身体脂肪，或者由于无意或饮食不规律造成能量和燃料需求得不到满足时，这种现象就有可能发生。需要得越多，制定饮食计划就越重要，而不仅是靠好运。

- 从数量和时长来讲，其他营养物质对免疫系统和骨骼也很重要。日常饮食和在修复饮食中选择富含营养物质的食物是很有意义的一件事。

- 新的研究可能尚未说明在繁重的训练过程中食用益生菌/益生元、获取大量维生素 D 和其他营养策略来加强免疫系统和促进骨骼健康所能带来的好处。

47

© fotolia. Silvia Bogdanski

表1 修复零食和便餐的理念

注意，这些选择应提供：

- 50克碳水化合物。
- 至少10克蛋白质。

许多选择也能够提供：

- 钠和液体。
- 维生素、矿物质和其他有利健康的食物成分。
- 250~350毫升的液体补充（例如富含蛋白质的棒状食品或修复饮料）。
- 250~350毫升的奶昔或果汁。
- 500毫升的风味低脂牛奶。
- 带1/2杯牛奶的60克（1.5~2杯）早餐谷物食品。
- 一个芝士、肉类或鸡肉三明治，一大块水果或者300毫升的运动饮料。
- 一杯含有200克水果口味的酸奶或者奶油冻的水果沙拉。
- 200克水果口味的酸奶或者300毫升风味牛奶和30~35克的谷物棒。
- 2个涂满花生酱或者加了两片芝士的松脆饼或者英式松饼。
- 2片带有200克（一杯或一小罐）烘豆的吐司。
- 200克蘸满松露干酪或搓碎干酪的烤马铃薯。
- 150克肉类、鸡肉或海鲜比萨。

第 8 章

营养、睡眠和恢复

修纳・L. 哈尔森

　　保证运动员拥有充足且高质量的睡眠能明显影响运动员的表现和恢复，并且能够降低高难度动作或者过度训练带来的风险。的确，对优秀运动员而言，睡眠是唯一最佳的恢复方式。我们也建议利用一些营养因素来改善睡眠，包括缬草、褪黑素、色氨酸、睡前吃含有高血糖指数的（GI）饮食和保持平衡健康的饮食。其他因素例如食用酒精、咖啡因和过量饮水都可能会影响睡眠。

睡眠的作用

　　人类需要睡眠的根本原因在很大程度上是没有答案的。尽管如此，科学家们正在提供更多关于人类如何睡眠的信息。由于睡眠的时长和时间点都非常严格，所以人们认为睡眠具有许多重要的心理和生理功能。也许睡眠在各种物理和认知方面具有多种功能，而且这些功能强烈相关。

> 睡眠障碍可能影响运动表现，特别是在较长的时间内一直存在睡眠障碍。确认哪些运动员睡眠不好十分重要，因为这可能导致过度训练、疾病或突如其来的受伤。

睡眠和运动表现

　　虽然睡眠的确切功能尚不清楚，但是缺觉对运动表现的影响是比较清楚的。睡眠不足对各种运动的假设影响（参见表 1）。研究已经表明，睡眠不足会改变运动表现。辛纳顿（Sinnerton）和赖利（Reilly）（1992）研究了 8 位游泳运动员，他们有 4 晚每晚少睡 2.5 小时。睡眠不足没有给背部、握力和肺部功能或游泳表现造成影响。但是，情绪状态却发生了重要改变。沮丧、紧张、困惑、疲惫和愤怒的情绪不断增加，而活力却不断减少。3 晚的睡眠不足，然后用一晚上去恢复［赖利和迪肯（Deykin），1983］，整体的大动作（肌肉力量、肺功能和耐力表现）只有细微变化，但是精神运动功能却显著下降。仅一宿睡眠不足就会影响大部分的精神运动。类似的睡眠影响在男性和女性身上都有体现。

　　与单一的极限运动相比，持续运动更容易受到影响，因此缺觉也可能对极限运动任务的影响时间更长（赖利和爱德华，2007）。

在认知表现方面，打盹形式的睡眠补充已经证明对认知任务有积极的影响。打盹能够显著减少睡意，且有益于技巧、策略和战术的学习［波斯托拉凯（Postolache）和奥伦（Orer），2005］。

表1　受睡眠不足影响的运动和娱乐活动分类（赖利和爱德华，2007）

特性	运动	影响
低氧	公路自行车赛和瞄准运动	错误增加
适度有氧和高浓度	团体运动	决策制定能力下降
高氧	3 000米跑步和400米游泳	表现下降
有氧、厌氧	游泳、中长距离跑步	体力下降
厌氧	短跑、体力赛事	表现下降
重复厌氧	跳高运动、负重训练	疲惫感增加

睡眠和恢复

调查结果显示，睡眠的修复和滋补效果对运动员恢复很有必要且有裨益。特别是，缺觉对免疫系统和内分泌系统造成的损害可能影响恢复进程以及对训练的适应（赖利和爱德华，2007）。根据报告，对优秀运动员而言，适当的睡眠质量和睡眠时长是唯一最好的修复策略。或者，适当的恢复战略可能通过集中方式帮助睡眠。恢复策略（如水疗）可能影响皮肤温度。正如下面章节中所介绍的，这可能促进睡眠开始。另外，适当的恢复可能会减少炎症和疼痛，这会改善睡眠能力，特别是对最近受伤的运动员而言。

改善睡眠的营养因素

有很多营养物质一直与改善睡眠有关系，最近开始研究这些营养物质作为药物介入的功效。

© fotolia. Teamarbeit

缬草属植物

缬草属植物（缬草）或缬草根是一种开花植物。缬草经常被用来治疗失眠和焦虑。在美国和欧洲，缬草是用来促进睡眠的一种草药［本特（Bent）等，2006］。在最近关于缬草功效的系统调查和分析中，本特等人（2006）认为缬草能促进睡眠，同时也没副作用。16份研究报告指出，有很多方法论问题限制了得出确切结论的能力。但是，结果显示缬草可以促进睡眠。有趋势表明缬草有助于减少入眠时间

（入眠时间指从完全清醒到睡眠的转换时间）。

其他镇静草药

卡瓦是卡瓦胡椒的一种萃取物。卡瓦胡椒是一种波利尼西亚植物，因其镇静效果而一直被人们食用。研究表明它有某些积极的抗焦虑效果。但是，由于其具有严重的副作用，它已经在一些国家下市。其他一些具有镇静效果的化合物包括蜜蜂花、西番莲和啤酒花。目前，除了蜜蜂花（也称作香蜂叶），其他植物的功效还缺乏科学证据。

色氨酸

色氨酸是一种基本的氨基酸，它会在大脑中转化为血清素（5-羟色胺）。游离色胺基对支链氨基酸的比率上升时，色胺就会转化为血清素，从而导致大脑色胺基增加。游离色胺基通过5-羟色胺转化为血清素，进而转化为褪黑激素。

已有证据表明摄入左旋色胺基会缩短45%的入眠时间［哈特曼（Hartmann），1982］。［阿努尔夫（Arnulf）等，2002］指出白天摄入色氨酸会增加睡眠间隔、睡眠潜伏期和睡眠强度。因此，与增加血清游离色胺基相比，减少血清游离色胺基有相反的作用。

以上研究的结果表明，摄入色氨酸有可能会改善入眠时间并改变睡梦中眼球的快速运动。以下食物含有色氨酸：牛奶、肉类、鱼、家禽、鸡蛋、豆类、花生、奶酪和绿叶蔬菜。我们还需进一步研究以便确定色氨酸摄入的时间和剂量。

高血糖指数的饮食

高血糖指数的饮食也有可能改变血清素。血糖含量较高的碳水化合物可能通过释放胰岛素来提高游离色氨酸与支链氨基酸之间的比率，这样就促进肌肉吸收支链氨基酸。由于血清中支链氨基酸减少，游离色氨酸与支链氨基酸之间的比率上升，这样一来，大脑中的游离色氨酸和血清就会增加了［阿夫格哈（Afaghi）等，2007］。或者，血糖含量较高的饮食也会通过释放胰岛素来减少游离脂肪酸。在最近的研究中，为受试者提供含有相同能量的饮食，只是每200克白米饭［默哈玛长粒香米饭的血糖指数是50（低），茉莉芳香长粒香米饭的血糖指数是109（高）］的血糖指数不同（阿夫格哈等，2007）。在睡前1小时和4小时食用血糖指数高的饮食，在睡前4小时食用血糖指数低的饮食。结果表明，与睡前4小时食用血糖指数低的饮食相比，睡前4小时食用血糖指数高的饮食缩短了48.6%的入眠时间。更多极限饮食条件可能会得出更多重要的睡眠变

> 睡前4小时食用血糖指数高的饮食可以改善睡眠。

化。慢波睡眠和快速眼动睡眠也减少，这可能与皮质醇浓度和/或体温上升有关（洛奇等，2001）。这些结果可能对参加有体重限制的运动的运动员有意义。而且，这些运动员需要寻找改进睡眠的方法。本章最后提出了一些改善睡眠的建议。

褪黑激素

褪黑激素（N-乙酰基-5-甲氧基色胺）是一种松果体激素，与生物周期节律有关[阿特金森（Atkinson）等，2003]。正如先前所述，褪黑激素由血清素及其前身色氨酸转化而来。随着核心温度降低0.01℃~0.3℃，褪黑激素也会带来低体温影响。只有很少的研究调查了褪黑激素用于治疗失眠的功效。一般来讲，褪黑激素可以缩短主观预估的入眠时间并且可以延长睡眠时间。

减少睡眠的营养因素

酒精

由于酒精的新陈代谢速度相对较快，酒精对睡眠的影响在上半夜和下半夜有所不同。研究表明，虽然酒后入眠更快，但下半夜却会出现频繁夜醒、不停做梦和睡眠质量下降的问题[伦德尔（Rundell）等，1972]。

> 虽然一些营养素会改善睡眠，但是有些因素，比如酒精和咖啡因会导致睡眠不佳。

咖啡因

咖啡因被认为是一种轻微的中枢神经系统兴奋剂，它是最常用的甲基黄嘌呤。很多食物中含有咖啡因，最常见的是咖啡和茶。虽然对咖啡因的耐受性有个人差异，但人们普遍认为咖啡因会危害睡眠。人们认为睡前两小时摄入咖啡因会延长入眠时间，减少慢波睡眠，并缩短整体睡眠时间。摄入100克及以上咖啡因时，就会带来这种影响。对于那些需要摄入大剂量咖啡因来增强下午晚些时候或晚上比赛表现的运动员而言，应特别注意这种咖啡因带给睡眠的负面影响。

水中毒

水合作用是影响睡眠质量和睡眠时长的另一营养要素。澳大利亚体育学院最近的一些关于运动员睡眠习惯的研究表明，打断睡眠的一个重要原因是晚上频繁起床去撒尿。造成这种现象的一个原因是需要在中午以后训练或比赛后再水合，这样有些人就会水中毒。

改善睡眠的其他因素

皮肤变暖

核心体温降低时，人们就会开始入睡。核心体温上升时，人们就会醒来。处方睡眠药物，如药品和商用褪黑色素，会造成皮肤末梢的血管舒张，从而导致热损失和核心体温降低。这最终会促进入眠。

水疗

有少量科学证据表明某些水疗可以增加皮肤温度，从而改善睡眠。洗热水澡或泡脚后皮肤温度上升，从而会缩短入眠时间和增加睡眠时间 [霍恩（Horne）和沙克尔（Shackell），1987；宋（Sung）和栖原（Tochihara），2000]。

其他用于加强运动员恢复的水疗方式会改变皮肤和核心温度。冷水浴、对比水疗法和热水浴（SPA洗浴）都有可能改变皮肤和核心温度。虽然只是推测，但是水疗恢复之后，运动员的恢复和幸福感觉会增强，这与改善睡眠有部分关系。

© fotolia, Yuri Hvostenko

睡眠卫生

睡眠卫生是指能够改善睡眠质量和睡眠时长的行为。通常来说，这包含避免可妨碍睡眠模式的行为和/或增加促进良好睡眠的行为。一些睡眠卫生建议（参见表2）。

关于睡眠卫生作为治疗失眠的实验性证据还很有限，这主要是因为缺乏研究和方法论因素。但在通常情况下，虽然较差的睡眠卫生可能导致失眠，但它不是造成失眠的主要原因。

建议

根据上述信息，一些非药理学的方法可能会改善睡眠。值得指出的是，大部分睡眠研究并非是在优秀运动员身上进行的。实际上，大部分的研究都是在非运动员身上进行的。因此，在优秀运动员身上进行研究之前，这些也是适当的指导方针。

表2　　　　　　　改善睡眠质量和/或睡眠时长的一些非药理学方法建议

确保训练和比赛后得到适当恢复（体力、营养和心理）

食用含有色氨酸的食物，如牛奶、肉类、鱼、家禽、鸡蛋、豆类、花生、奶酪和绿叶蔬菜

睡前4小时食用血糖含量高的饮食

适应均衡营养的饮食

睡前减少酒精摄入

睡前减少咖啡因摄入（确实存在个体差异）

训练/比赛结束后和睡前饮用适量的液体。对于晚上频繁起夜的运动员而言，需要进行水合作用测试和液体评估来指定白天和恢复阶段的液体类型和数量

通过睡前洗热水澡、泡温泉浴或泡脚、盖暖和的毯子和穿袜子来使皮肤变暖（在寒冷环境下）

通过洗冷水澡和适当地使用空调来使皮肤变凉（在温暖环境下）

常见的睡眠策略

- 如果15分钟不能入睡，起床再尝试另一种策略
- 关闭卧室闹钟
- 避免咖啡因、酒精和尼古丁
- 调整睡眠时间
- 了解食物种类和食物摄取
- 适当地打盹（不超过45分钟，也不要在下午晚些时候）

寻找放松肌肉和认知的方法

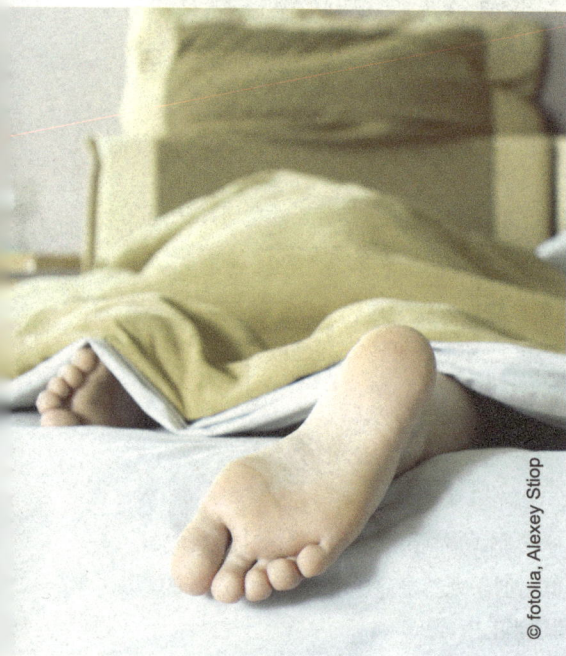

© fotolia, Alexey Stiop

简单地说，睡眠差的运动员应该寻求医学建议，确保没有存在扰乱睡眠的医学问题。沮丧和焦虑是失眠的常见原因。重要的是诸如此类的情况应该得到妥善治疗。

小结

关于优秀运动员的睡眠需求和睡眠特点，目前的科学研究还很有限。但是从现有的证据来看，睡眠障碍会影响运动表现，特别是长时间内都有睡眠障碍。确认运动员睡眠不好十分重要，因为这可能导致过度训练、疾病或突如其来的受伤。了解能够积极或消极影响睡眠的营养因素会有助于运动员获得良好睡眠。遵守睡眠卫生建议也很重要。

第 9 章

锻炼肌肉

斯图尔特·菲利普斯和马克·塔诺波斯基

　　一直以来，抗阻力训练是加强肌肉质量和肌肉力量的最重要因素。即使在较快的状态下，抗阻力训练也可促进蛋白质保留。经过一段时间的训练，肌肉的质量和力量都会得到加强。

一般的营养策略

　　营养学可在多个方面影响抗阻力训练的表现：

　　1. 食物必须包含充足的能量，以满足每日能量需求和弥补体力活动所消耗的能量。

　　2. 充分摄入碳水化合物也能更好地保持蛋白质。同时还能维持作为循环训练耐力成分的糖原存储（女性大于 4 克 / 千克体重，男性大于 6 克 / 千克体重）。

　　3. 在抗阻力训练的初始阶段，每日蛋白质的需求会不断增加。但是，当身体适应这种压力，随着时间的推移，就不会需要那么多的蛋白质。对一位优秀的举重运动员和 / 或耐力练习运动员而言，每日最多需要 1.7 克 / 千克体重的蛋白质。

　　4. 最后，每次训练结束后补充营养物质的时间也特别重要。很多研究表明，抗阻力锻炼后尽快补充蛋白质能够更好地保留蛋白质。除此之外，摄入碳水化合物能够抑制蛋白质分解，从而更好地保留蛋白质。

　　5. 看起来摄入单独的乳清蛋白质能给抗阻力训练的表现带来特别的效果。这可能是因为乳清蛋白质含有丰富的必需氨基酸，并且乳清能够快速地提供氨基酸。

　　6. 几乎没有证据表明膳食补充剂除了产物和可能的 β-HMB，还具有促进肌肉生长的优势。

蛋白质和肌肉质量的上升

　　研究表明，很多营养成分被当作是在一段抗阻力训练后增强肌肉质量的强化剂（更好地工作）。但是几乎没有任何营养成分能够表明在抗阻力训练后，无论肌肉力量还是肌肉质量都能够一直受到影响。有证据表明，在一段时间的抗阻力练习后，就增加蛋白质而言，牛奶蛋白质优于大豆蛋白质。有可能是牛奶蛋白质的吸收时间（乳清较快，酪蛋白较慢）和其他生物活性成分能够促进保持蛋白质。最近我们发现，无论是在短期的训练效果还是长期的训练课程方面，乳清蛋白都优于大豆蛋白质和酪蛋白。因此，尽管具有十分相似的氨基酸剖析图，但与其他蛋白质来源相比，乳清蛋白质看起来更具优势。

蛋白质摄入时机

现在我们知道抗阻力训练能够刺激细胞活动，从而引起肌肉蛋白质合成并最终促进肌肉生长。很多研究已经表明，只有在抗阻力训练结束后摄入蛋白质，才能让训练刺激和氨基酸的增加可以有相互协同的作用，这些氨基酸与摄入的蛋白质能说明肌肉蛋白质的净增长。这些净肌肉蛋白质增加的短暂时间可以累加，最终会导致肌肉蛋白质的过度增长。下图总结了一些研究的数据。根据这些研究，我们建议应该根据当时的抗阻力训练表现来摄入蛋白质，以最大限度发挥肌肉刺激的代谢效果（参见图1）。

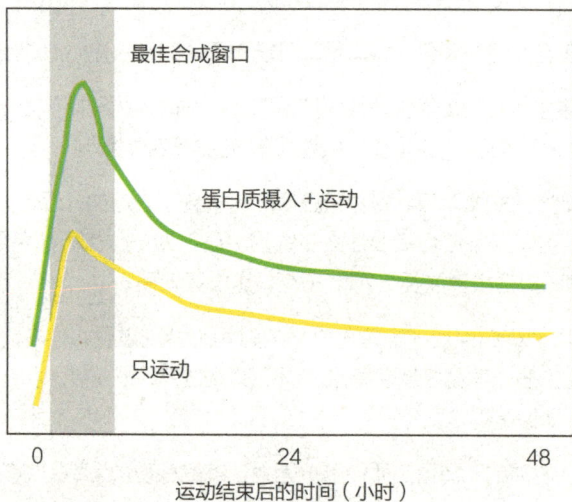

图1　在运动后补充蛋白质的情况下，肌肉蛋白质合成的速度。运动能够刺激蛋白质合成。但是，摄入蛋白质也会进一步提升运动表现

该图说明在训练结束后的0小时、4小时、24小时和48小时内，单一的抗阻力训练对肌肉蛋白质合成速度的影响。同时也说明补充蛋白质的累加效应。注意，如果在训练结束后立即摄入蛋白质，那么训练结束后的1~4小时内，补充的蛋白质会带来最明显的效果。此外，在提高肌肉质量方面，看起来在训练后1~4小时内补充牛奶或乳清蛋白质能带来特别的效果。

潜在的机能膳食补充剂

有证据表明，羟甲基丁酸钙（HMB）可以增强肌肉力量。最近一份关于羟甲基丁酸钙影响的荟萃分析 [罗兰德（Rowlands）和汤普森（Thompson），2009] 指出，"对先前没有训练的人来说，确实全身和腿部的力量得到稍微增强。但是对受过训练的举重运动员而言，这种效果微乎其微。羟甲基丁酸钙不会对身体造成重要的影响……"因此，到目前为止，我们很难为抗阻力训练运动员新手提供建议。但是HMB无法与最佳营养方法直接对比（抗阻力训练结束后尽快补充碳水化合物和蛋白质），这有可能最终只会带来一些效果。

> 假设摄入充分的能量、碳水化合物和蛋白质，适当的抗阻力训练是增加肌肉力量和提高肌肉质量最有效的策略。

© fotolia. Agamtb

一水肌酸是一种在肝脏、胰腺和肾脏合成胍基合成物。一水肌酸主要存在肉制品中。很多研究证明，在抗阻力训练中补充肌酸（5~10克/分升）能够增加去脂体重和肌肉力量。该研究还指出，我们难以提供肌酸并且先前的理念会影响肌酸的功效。我们发现在训练后尽早提供碳水化合物（50克）和酪蛋白（10克）以及再进行两个月的抗阻力训练，与训练后立即摄入肌酸（10克肌酸+50克碳水化合物）增加的肌肉力量差不多。根据最新研究，我们预计，如果食用乳清蛋白，控制组的增长有可能超过肌酸补充组的增长。

> 有证据表明，羟甲基丁酸钙（HMB）可以增强肌肉力量。但是它无法与最佳营养方法进行直接对比。

适当的抗阻力练习和摄入充分的能量、碳水化合物和蛋白质是增加肌肉力量和提高肌肉质量最有效的策略。假设运动员不限制摄入能量，能够提供1.5~1.7克/分升每千克体重且具有较高生物学价值的混合蛋白质的食物就可以满足运动员所有情况下的基本需求。确实，训练后摄入单一的乳清蛋白质有一些好处。基于训练的研究也支持这种观点。对于优化蛋白质平衡和补充糖原存储（特别是对于一天进行两次训练的运动员）而言，训练后碳水化合物和蛋白质补充的时机特别重要。对希望增加肌肉和力量的短跑运动员或力量型运动员而言，补充肌酸也许至少能够在训练开始后最初的4~6个月增加力量和提高肌肉质量。

> 有观点指出，无论是通过食物还是通过蛋白质补充剂摄入蛋白质，这都没有经济或科学意义。

第10章

在低糖原水平下训练，在高糖原水平下比赛

基斯·巴尔

　　数年来，人们已经知道存储糖原能够加强耐力表现［伯格斯特龙（Bergstrom）和赫尔特曼（Hultman），1967a］。结果是，大部分运动员和教练相信在糖原充分的情况下进行训练是获得最适当条件和表现的基本要素（参见第3章）。但是，现在这种理念的有效性开始受到质疑。越来越明确的是，在糖原充分的情况下进行训练确实颇有裨益。最近，在糖原不充分的情况下进行训练带来的潜在裨益使许多教练和科学家提出一种新的训练理念：“在低糖原水平下训练，在高糖原水平下比赛”。在本章中，我们将讨论支持这一理念的证据和在低糖原状态下进行训练有何裨益的潜在原因。

糖原作为耐力运动燃料的重要性

　　在哺乳类动物中，糖原是碳水化合物最主要的存储形式。1858年，克劳德·伯纳德（Claude Bernard）从肝脏和肌肉中分离出碳水化合物（伯纳德，1858；杨，1957）。伯纳德具有重大意义的发现直接证明，肌肉和肝脏含有一种易得到的能量成分来满足训练中的能量需求。几乎一个世纪后，伯格斯特龙和赫尔特曼开始调查糖原在训练中的作用（伯格斯特龙和赫尔特曼等，1967）。这些早期的研究表明，肌肉中的糖原成分是支撑耐力训练的一个主要决定因素（伯格斯特龙和赫尔特曼，1967a）。重要的是，他们也证明了饮食和训练可以使骨骼肌里面的糖原成分多样化（伯格斯特龙等，1967）。最后发现与食用富含脂肪的食物相比，训练结束后食用富含碳水化合物的食物能够加快肌糖原存储的恢复。这一发现直接证明饮食中的葡萄糖能够转化为肌糖原（伯格斯特龙和赫尔特曼，1967，1967b）。而且第一次提出建议说：较高的肌糖原有利于耐力表现。

糖原和整个身体物质的利用

　　在糖原存储较低的情况下，身体新陈代谢变化剧烈。对人类而言，糖原消耗会加

快肌肉蛋白质分解时氨基酸的释放，加快脂肪新陈代谢（根据动静脉之间的差异进行计算），降低丙酮酸氧化作用，增加皮质醇和肾上腺素等应激激素的水平［布鲁姆斯特莱德（Blomstrand）和萨尔汀（Saltin），1999，斯坦伯格（Steensberg）等，2002］。由于这些变化，较低的肌糖原水平会给运动表现带来负面影响就不足为奇了。但是，有些人假设训练中保持较低的糖原水平会改变整个身体物质的新陈代谢，从而半路刺激激活细胞信号。这一过程可能在肌肉适应过程中发生（斯坦伯格等，2002）。

糖原消耗训练和耐力训练适应

为了支持低糖原水平下进行训练的裨益，汉森（Hansen）等（2005）的研究发现，与在高糖原水平下进行训练相比，连续10周在糖原消耗水平下进行训练能够使人们变得精疲力竭的时间延长85%。柠檬酸合成酶（CS）、3-羟酰辅酶A脱氢酶（HAD）和其他重要的脂肪新陈代谢酶的大幅增加使得耐力获得较大提升。这些结果已经在高强度训练的自行车手身上得到验证。所以我们建议，无论运动员的训练状态如何，在糖原消耗的状态下进行训练，能够加强在比赛中将脂肪用作燃料的能力（参见图1）。

> 研究似乎建议，无论运动员如何进行训练，在糖原消耗的状态下进行训练能够加强在比赛中将脂肪用作燃料的能力。

糖原消耗训练和耐力表现

既然在糖原消耗状态下进行训练能够增强脂肪氧化能力，那么这种训练有望在比赛中提供糖原节约功效，从而实现更好的表现。虽然这适用于低强度（<70% 整体 VO_2max）的运动，但这似乎对高强度（>70% 整体 VO_2max）运动的表现没有积极影响。高强度的运动食用CHO作为主要燃料来源。这就意味着在长时间的耐力比赛中（铁人三项、马拉松、公路自行车赛），在低糖原水平下进行训练会给表现带来积极影响。但是在较短和较高强度的赛事中（16千米长跑、自行车计时赛、划船比赛），在低糖原水平下进行训练不会给表现带来很多积极影响。其中的一个告诫就是在世界杯和奥运会竞赛中，会在决赛之前进行预赛，在低糖原水平下进行训练会增强脂肪用作燃料的能力，这也有可能促进恢复。这当然有益于运动员的后续表现。

糖原消耗状态下的抗阻力训练

与耐力训练相反，在糖原消耗状态下进行抗阻力训练看起来没有益处。如果有什么区别的话，在糖原消耗状态下进行体重训练会削弱适应性训练的效果。现在已经明确，抗阻力训练后的转录因子变化在糖原消耗状态下没有什么区别。低糖原水平下的训练代谢压力的增加会给增加肌肉蛋白质合成的方式带来消极影响。因此，对于力量赛事而言，应避免在糖原消耗状态下进行训练。

> 对于力量赛事而言，应避免在糖原消耗状态下进行训练。

底层机制

最近的一些研究已经说明在糖原消耗状态下进行训练能够带来裨益的方式。纳卡尔（Narkar等，2008）最近指出在跑步机上训练老鼠，同时给它们喂食一种可以激活转录因子的药物（称之为PPAR∂），这与在糖原消耗状态下进行训练有异曲同工之妙：加强将脂肪用作燃料的能力。PPAR∂增加进行脂肪酸氧化的酶。该实验结果表明，与只在跑步机上进行训练的老

> 在糖原消耗状态下进行训练能够加强（可用性）脂肪酸的循环，反过来，脂肪氧化能够产生更多的副产品来激活PPAR∂。PPAR∂是用于增加氧化脂肪酸的酶。

鼠相比，在跑步机上进行训练同时又被喂食药物的老鼠在50% VO_2max跑步的速度提升70%。这些数据说明，与在糖原满载情况下进行训练相比，在糖原消耗状态下进行训练能够更多地激活PPAR∂。PPAR∂似乎是由肌肉脂肪分解时的副产品进行激活。如上述所述，在糖原消耗状态下进行训练能够加强（可用性）脂肪酸的循环，反过来，脂肪氧化能够产生更多的副产品来激活PPAR∂。

糖原消耗状态下的训练方法

如果你参加一个长时间的耐力赛事，或者训练运动员参加长时间的耐力比赛，如何在训练过程中应用这些技巧就自然而然地成为了一个问题。想要在低糖原水平下进行训练并带来裨益，就要使糖原水平下降到平常的1/3。这可以通过在不补充碳水化合物的情况下，在70%整体VO_2max的状态下运动30分钟来实现。糖原消耗之后，可以立即进行第二次训练或者1~3小时之后进行第二次训练。理想状态下，第二次训练应包含高强度的运动，因为这种类型的训练可以刺激分子靶点，从而使耐力表现发挥极致（参见表1）。与所有训练技巧一样，运动员必须清楚是否在低糖原水平下进行训练会影响恢复，进而影响训练的整体强度。

结论

在肌糖原消耗状态下进行训练能够增强运动员氧化脂肪的能力。在长时间耐力比赛中，加强脂肪氧化能力会节约肌糖原并提高运动表现（虽然表现效果尚不明确）。但是，在比赛时长不到一小时的力量比赛和耐力比赛中，存储的三磷酸腺苷（ATP）、磷酸肌酸和CHO是燃料的首要来源。因此，在肌糖原消耗状态下进行训练不会有益于运动表现。

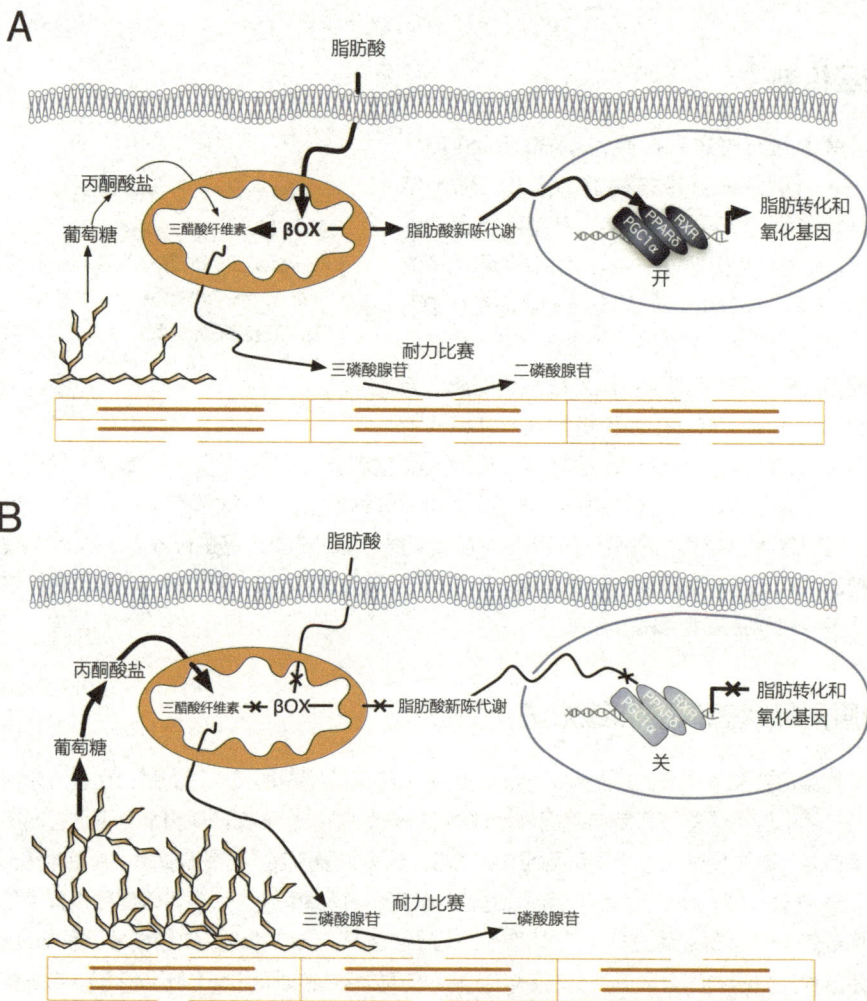

图1 在低糖原水平下进行训练对PPAR转录因子的潜在影响
　　A 在低肌糖原水平下，刺激PPAR∂会产生更多脂肪酸
　　B 在高肌糖原水平下，食用过多的碳水化合物会减少刺激PPAR∂和脂肪酸氧化酶

表 1	针对不同运动的糖原消耗训练举例	1 英里 = 1.61 千米

运动	消耗训练	适应性训练
马拉松	1h @ 75% HRmax	在 75% HRmax 强度下，进行 1 小时训练。以 1 英里的比赛速度进行 6 次 800 米跑步，每次休息 1.5 分钟，或者以 3 000 米的比赛速度进行 4 次 1 200 米跑步，每次休息 3 分钟，或者以 10 千米的比赛速度进行 2 次 2 英里跑步，每次休息 10 分钟
公路自行车赛	1h @ 70% HRmax	95% HRmax 强度下，进行 6 次 5 分钟公路自行车训练，每次休息 2 分钟或 80% HRmax 强度下，进行 2 次 20 分钟的丘陵公路自行车训练
游泳	20 x 150 米 @ 中到高强度 15 秒休息时间	15 次 50 米游泳，每次休息 10 秒或 10 次 200 米游泳，每次休息 20 秒钟或 4 次 400 米游泳，每次休息 40 秒钟
	30 x 100 米 @ 中到高强度 15 秒休息时间	训练强度逐渐增加（一开始适度，最后用比赛速度）
铁人三项	不补充食物 骑 4 小时自行车	上午骑 3 小时自行车，其中有 3 次 10 分钟的频率为 @ 90% Wmax 或上午跑步 1 小时，有 2 次以 10K 步伐跑 1 英里
足球/英式足球	30 分钟跑步 @75% HRmax	定期进行团队训练、技巧训练、重复冲刺训练、球技训练等
英式橄榄球/美式橄榄球、短跑、划船、自行车计时赛		不建议采用此项训练

© PowerBar

第11章

通过控制蛋白质摄入来优化训练适应力

凯文·蒂普顿

蛋白质很受欢迎

很久以来，大家都知道与运动相关的蛋白质摄入所带来的裨益。从古希腊的奥运会选手到现代21世纪的奥运会选手，运动员都会消耗大量的蛋白质。现在，蛋白质补充剂是非常赚钱的生意。运动员们也非常喜欢富含蛋白质的饮食，蛋白质对运动员和其他参与运动的人的重要性显而易见。本文将说明蛋白质营养对训练适应的影响。我们既会考虑长期通过食物获取蛋白质的重要性，也会考虑紧急补充蛋白质的重要性。

训练适应

对训练的适应程度由基因决定，所以优秀的运动员应该感谢他们的父母。但是，训练的类型、强度、训练量、时长等方面，会对蛋白质新陈代谢和运动员训练适应能力带来最深远的影响。无论吃什么以及吃了多少，如果没有正确的训练方式和方法，训练适应的效果都是最差的。营养物质，包括蛋白质摄入，也会影响对实际训练的适应情况。现在清楚的是，每种运动的训练适应都有细微差别。这就意味着营养不仅通过整个训练阶段的所有饮食来影响适应力，也会通过每个训练的细微差别影响适应力。至少最近20~30年，人们一直承认碳水化合物对最佳训练的重要性（参见第3章、第4章和第10章）。近年来，其他营养物质，例如某种脂肪，特别是蛋白质，也受到更多关注。

最终，各种组织中蛋白质的种类、数量和活跃性会导致对训练的适应力出现差别。例如，增加肌肉中的肌纤维蛋白质，例如结构蛋白质，会增强肌肉的质量和力量。另一方面，增加线粒体蛋白质会加强耐力训练中的有氧代谢能力。在既定时间内，特定蛋白质合成和降解的比率平衡是这些蛋白质数量发生变化的新陈代谢基础。想要获取蛋白质，就要加快蛋白质合成速度或者减缓蛋白质降解速度（参见第9章）。因此，想要适应训练，就必须使训练和营养物质影响各种组织中蛋白质的新陈代谢。

蛋白质合成和降解

运动和营养物质通过肌肉蛋白质合成和降解来影响训练适应力，而肌肉蛋白质合成和降解会增加（或减少）净差额。每天，甚至每小时，基本净差额有可能是正数也有可能是负数，这取决于饮食和运动情况。这些正负差额的持续时间决定蛋白质的净亏损或净收益。结果，对健康且体重稳定的成年人而言，净亏损或净收益的时长一样，蛋白质成分或类型不会发生变化。训练期间内蛋白质在一段时间内一直处于净收益状态，蛋白质的数量和/或类型就会发生变化。蛋白质的净差额会随着训练和摄入的营养物质的不同而发生变化。因此，在每次训练时积累的蛋白会诱使适应的发生。

> 因此，在每次训练时积累的蛋白质会诱使适应发生。

蛋白质对蛋白质新陈代谢的影响

蛋白质摄入会在多个方面影响训练适应力。它促进肌肉蛋白质的合成，提供用来锻炼肌肉的氨基酸，以便加强肌肉质量和重塑肌肉，为训练提供能量，并为那些对运动有重要意义的激素和其他成分提供前体细胞。此外，也提供线粒体生物合成。线粒体生物合成用于增强肌肉氧化能量和糖原再合成。因此，无论从长期还是短期来看，蛋白质都很重要。

> 我们很清楚，与运动相关的蛋白质摄入、蛋白质类型、与蛋白质一起摄入的其他营养物质、摄入的蛋白质的数量都会影响训练反应。

训练中蛋白质类型和数量变化对蛋白质造成的最明显影响是指对蛋白质新陈代谢的影响。运动会加强肌肉蛋白质合成和分解。但是蛋白质合成的速度大于蛋白质分解的速度。因此，净肌肉蛋白质平衡，也就是能够导致适应性的蛋白质变化的新陈代谢基础，就会增加。

但是，如果没有氨基酸来源，例如氨基酸、蛋白质补充剂或食物中的蛋白质，净肌肉蛋白质平衡仍为负值。也就是说，没有净肌肉蛋白质盈余。无论是抗阻力运动还是耐力运动后摄入蛋白质，都会增强肌肉蛋白质合成并增加净肌肉蛋白质平衡。因此，运动后摄入蛋白质会影响训练适应力。不幸的是，我们尚不清楚需要摄入何种剂量和类型的蛋白质才能最大限度提高训练适应力。关于这一点，我们确实知道一些因素，比如与运动相关的蛋白质摄入的时间、蛋白质类型、与蛋白质一起摄入的其他营养物质、蛋白质的数量，都会影响训练反应。此外，运动类型、运动强度、训练量和其他因素也会影响肌肉蛋白质新陈代谢的反应。考虑这些变量会有不同的组合，因此你应该清楚最佳反应的决定因素是很复杂的。想要知道能够获得各种所需运动适应力的这些因素组合，我们还有很长的路要走。尽管如此，在过去的 15 年，特别是过去的 5 年中，研究人员已经对反应有了更好的理解。在本章中，我们将讨论当前与蛋白质营养和训练适应相关的一些事情。

与运动相关的蛋白质摄入的时间

最近很多人关注蛋白质摄入时间的重要性。现在很清楚，肌肉蛋白质新陈代谢的反应会因为与运动相关的蛋白质摄入时间的不同而不同。实际上，许多人相信，必须在运动后立即摄入蛋白质，以便优化适应。实际上，许多文章和书籍也声称想要获得成效，也就是所谓的"新陈代谢窗口"至少需要在运动后45分钟摄入蛋白质。但是，也有人说应该在运动前摄入蛋白质（参见第9章）。证据表明，这个事情比说的更加复杂。

急性病研究表明，由于摄入的氨基酸的类型和是否与蛋白质一起摄入其他营养物质，肌肉合成代谢会在不同的时间达到最大化。现在清楚的是，在训练之前立即摄入蛋白质会引起合成代谢反应。运动后摄入蛋白质也会引起这种合成代谢反应。因此，运动后45分钟的时间窗必须延长到包含至少运动前的几分钟。此外，最近有证据表明，运动引起的肌肉蛋白质合成反应和在运动前1.5小时食用含有蛋白质的饮食以及运动后摄入蛋白质和氨基酸造成的反应相似。最后，假设运动引起的肌肉蛋白质合成反应在运动后能持续长达48~72小时，那么再次说明没有必要将交互效果只限制在前45分钟。实际上，在最近的科学会议上提出的一个研究表明，运动后24小时内都会有蛋白质消耗的交互效果。显然，有证据表明蛋白质摄入效果的"新陈代谢时间窗"不应该只限制在运动后的一段较短时间内。

像往常一样，蛋白质摄入的时间比我们想的要更复杂。但是，这也不能说明运动员不应该在运动后立即摄入蛋白质。关于这一点，我们不知道运动后立即摄入蛋白质的反应是否比运动后24小时摄入蛋白质的反应大。如果是这样，可能运动后立即摄入蛋白质会有一些微小但却很重要的优势。只要蛋白质能够算入整体能量预算，它就不可能成为决定性因素。因此，我们采用一种成本收益的方法，仍旧建议人们在运动后摄入蛋白质，即使这种蛋白质摄入时间的裨益有点夸大其词。

氨基酸来源和其他营养物质

由于摄入的氨基酸来源和摄入其他的营养物质不同，运动后肌肉蛋白质的反应也不一样。关于时间问题，现在没有明确的建议。但是，最近有些发现很有趣，也许能帮助我们提供一些建议（参见第9章）。看起来动物蛋白质可能使肌肉的反应更佳。关于这一点，蛋白质的消化性能也许比较重要。同样，最近有证据表明，与抗阻力训练后摄入酪蛋白和大豆蛋白相比，训练后摄入乳清蛋白能够获得更好的肌肉蛋白质合成反应。但另一份研究表明，运动后摄入乳清蛋白和酪蛋白的净肌肉蛋白质平衡的代谢合成反应没有什么区别。可能是由于肌肉蛋白质分解反应不同造成这两份研究的结果不同。因此，代谢合成反应的底线是没有区别的。假设运动强度也影响代谢合成反应，也没有关于运动强度和蛋白质类型的交互信息，我们就不能建议特定情况下应该摄入的蛋白质类型。

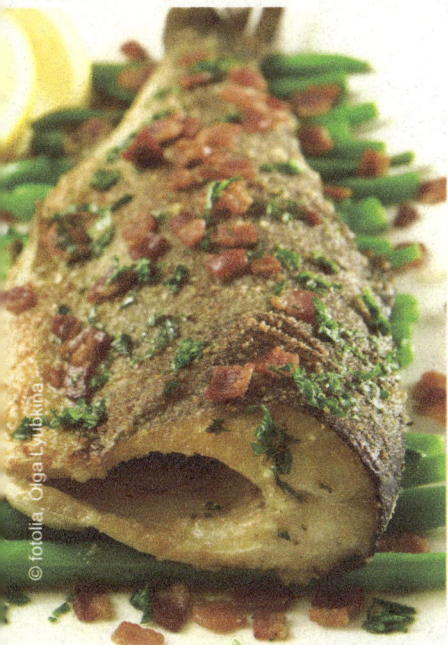

除了蛋白质类型，有证据表明运动后的代谢合成反应可能会受到与蛋白质一起摄入的其他营养物质的影响。这就意味着如果碳水化合物、脂肪或两者与蛋白质一起摄入，运动后蛋白质摄入的反应可能有所不同。许多建议忽略了营养物质对运动代谢合成反应的影响。这再次说明在提出详细建议时，应该考虑这个因素。

最后，假设个人的训练状态也影响运动肌肉蛋白质新陈代谢的反应，这说明在考虑如何利用蛋白质的时候应该考虑这一因素。但直到现在，没有研究特别分析运动适应的这一方面。显然，在我们确定最好的成分之前，还有很多事情需要了解。

蛋白质的剂量

许多人将运动后摄入的蛋白质的理想剂量看作必杀技。有些人，特别是力量型运动员，总是尽量运动后摄入尽可能多的蛋白质。但是，这种方法也许不是最好的。现在有证据表明，摄入过量蛋白质（超过可以合成到肌肉的蛋白质剂量）没有作用，只是用来氧化为能量。最近的研究表明，摄入超过20~25克的蛋白质就是一种浪费。像往常一样，在建议蛋白质摄入的绝对数量之前，要回答一些问题。运动类型、运动强度、蛋白质类型和其他前面提及的运动训练和营养是如何影响这种关系的？关于这一点，假设已经有了相关信息，也没有理由建议在运动后摄入超过20~25克的蛋白质。

> 没有理由建议在运动后摄入超过25克的蛋白质。

补充蛋白质的重要性

许多人宣扬补充蛋白质具有优越性，他们相信蛋白质补充剂优于食物中的蛋白质。但是没有证据表明食物中的蛋白质引起的代谢合成反应或训练适应不如蛋白质补充剂引起的代谢合成反应或训练适应。实际上，有充分证据表明肌肉新陈代谢的反应是相似的。另一方面，许多运动员很难靠食用一顿饭来补充蛋白质，所以蛋白质补充剂可能是他们营养计划的一部分。由于繁忙的训练计划，向运动员提供建议时，任何训练/营养计划都不能忽略便利性。

整体的膳食蛋白质

许多科学家相信，运动员应该比久坐不动的人摄入更多的蛋白质。但是，确切的蛋白质摄入量具有高度的个体差异性。而且，很多因素决定了确切的蛋白质摄入量。此外，蛋白质的摄入量不如其他因素重要，例如，我们前面提及的一些因素。尽管如此，运动主管部门和科研机构会尽力定义适合运动员（力量型运动员和耐力运动员）的最佳蛋白质摄入量。通常情况下，我们建议力量型运动员每天摄入 1.4~1.7 克蛋白质/千克体重。对耐力运动员而言，我们建议他们摄入的蛋白质稍微少些——通常情况下，每天为 1.2~1.6 克蛋白质/千克体重。这些预算主要基于利用氮平衡方法论的研究。尽管这些研究由一些卓越的研究人员尽可能细致地进行，但从这些利用氮平衡的研究中推算出数据还是充满风险的。

我们应该充分考虑关于蛋白质摄入的建议并将其作为一个出发点。显然，有很多运动员并不完全是力量型或耐力型运动员。有些运动员不属于这两大类，而有些运动员可能都属于这两大类。他们也很欢迎这类建议。此外，除了蛋白质的剂量，还有很多饮食因素影响训练适应。蛋白质或氨基酸的类型、与运动相关的摄入时间、与蛋白质一起摄入的其他营养物质，都会影响肌肉反应。由于这些因素和其他因素的影响，两个完全一样的运动员在摄入相同剂量的蛋白质后，也可能会有不同的适应性反应。针对每一个运动员的确切建议应该根据该运动员的特定情况来制定。特别是要考虑整体能量摄入、碳水化合物和脂肪需求、蛋白质摄入的形式和训练特点。只依赖宽泛的建议是一个错误的做法。

> 虽然过多摄入蛋白质不会对有些人造成伤害，但是现在没有证据表明，每天摄入超过 1.5 克/千克体重，甚至每天摄入高达 2 克/千克体重的蛋白质会有裨益。

许多运动员认为想要获得最好适应性，特别是增加肌肉的质量和力量，需要每日多摄入蛋白质（大于 2 克/千克体重，甚至高达 3~4 克/千克体重）。但是，从 1907 年直到现在，研究已经清楚地表明，只要不减少其他饮食的摄入，可以通过摄入不同的蛋白质来增加肌肉质量。再次说明，虽然过多摄入蛋白质不会对有些人造成伤害，但是现在没有证据表明，摄入超过 1.5 克/千克体重，甚至高达 2 克/千克体重的蛋白质会有裨益。假设需要摄入相对高的能量来支持训练，大部分运动员可以在正常饮食中获取足够的蛋白质。但是，有些运动员需要特别注意，特别是那些需要摄入较少能量的矮小运动员，应该多考虑一些因素来确保摄入适当的蛋白质。

过量蛋白质的风险

关于运动员高蛋白质含量饮食的讨论应该包括过量摄入蛋白质带来的风险。有很多文档记载了持续摄入较多的蛋白质对骨骼和肾脏带来的危险。但是，没有证据表明摄入蛋白质会给健康人群会带来肾脏问题。但是，如果运动员有潜在的身体问题，摄入较多的蛋白质可能会有问题，甚至危险。至于骨骼，只要饮食中包含足够的水果和蔬菜，摄入较多的蛋白质带来的潜在酸中毒不会造成骨骼中钙的流失。此外,我们应该记住骨骼并不全都是钙。骨骼的基质是胶原——一种对蛋白质摄入反应良好的蛋白质。因此,现在也有争议说适当的蛋白质摄入能够加强骨骼健康。通常情况下,如果运动员摄入过量蛋白质,那么其他营养物质的摄入剂量就会减少,从而限制整体消耗的能量。最常见的情况是利用蛋白质代替碳水化合物(有时候是脂肪),这对适当训练十分重要。遵循这种方法,由于缺乏必要的营养物质,摄入过量蛋白质会影响某种水平上的训练能力。有效的方法就是每位运动员、教练和/或营养顾问应该充分考虑运动员的个人需求,而不是仅仅依赖蛋白质或其他营养物质的一般建议。

假设在考虑蛋白质对训练适应性的影响时有无数的交互因素要考虑在内,那么看起来就无法提供任何的建议。我们没有办法为包括大众普遍认同的两大运动在内的所有运动类型概括最佳剂量、类型、时间或者摄入的营养物质组合。但是,根据前述的成本收益方法和一些概括性总结,应该有可能作出一些实际建议。例如,既然动物蛋白质看上去比较好而且运动后摄入蛋白质有裨益,那我们为什么不建议在运动后摄入高质量的动物蛋白呢?最可能的是运动员运动后食用包含蛋白质的食物。但是,如果不能,我们建议可以饮用蛋白质补充剂。关键在于运动员的个人方法应该基于所有与能够加强或影响运动员训练的因素相关的信息。

© fotolia, GLUE STOCK

传说	证据
为了增加肌肉质量，应该摄入大剂量的蛋白质	只要能够维持能量平衡，可以通过摄入多种蛋白质来增加肌肉质量和力量。没有科学证据表明有必要每天摄入过量蛋白质（大于1.7~2.0克蛋白质/千克体重）来增加肌肉质量。多余的蛋白质被氧化，而不是用来锻炼肌肉
对耐力型和力量型运动员而言，蛋白质需求已经确定了	关于运动员的蛋白质摄入需求，科学家们有不同的意见。蛋白质摄入需求指该功能所需的最小蛋白质剂量。显然，运动员和教练不应该只是关心需求，而是应该关心建议
运动员的建议蛋白质摄入量应该基于获得最佳训练适应的蛋白质需求	每位运动员的蛋白质摄入量由多个因素参与确定。例如，训练状态和类型，训练强度和时长，能量需求和其他营养物质需求，以及年龄、性别和伤病状态等其他因素都应考虑在内
乳清蛋白质是最好的蛋白质	没有充分的证据表明某种蛋白质优于其他蛋白质
蛋白质补充剂是增加蛋白质摄入量的最佳方式	没有证据表明蛋白质补充剂优于食物中的蛋白质。最近的研究表明，食物中的蛋白质具有和蛋白质补充剂或游离氨基酸类似的肌肉代谢合成反应
达到最佳训练适应首先要考虑蛋白质的总量	假设摄入最小剂量的蛋白质，每天1~1.2克蛋白质/千克体重，其他与蛋白质摄入相关的因素（与运动相关的蛋白质摄入时间、蛋白质类型、与蛋白质一起摄入的其他营养物质）和它们之间的交互也应该考虑在内。这些因素也会影响肌肉反应
很多运动员需要增加蛋白质摄入量	研究表明，绝大部分运动员可以通过正常饮食摄入足够的蛋白质。对大部分运动员而言，没有必要增加蛋白质摄入量。应该对每位运动员的饮食进行评估，以确定在努力增加蛋白质摄入量之前是否需要增加蛋白质

蛋白质消耗策略	证据
时间	在运动前或运动后两小时内摄入蛋白质是最大限度提高训练适应（特别是增强肌肉质量和力量）的最佳条件。但是，最近有证据显示这种策略的必要性被夸大其词，正常的蛋白质摄入饮食模式可以支持训练适应
类型	越来越多的证据表明摄入的蛋白质的类型可能影响训练适应。例如，最近有研究指出，与摄入植物蛋白相比，摄入动物蛋白更能增强肌肉质量和力量。基本的游离氨基酸也具有一些优势。但是他们对运动员的影响尚不清楚
方式	很多食物都含有蛋白质，如肉类、鱼、蛋类、牛奶、豆类（大豆和豌豆）和其他蔬菜。没有证据表明蛋白质补充剂比食物中的蛋白质能提供更好的适应性。有证据表明摄入蛋白质的时候，一起摄入碳水化合物和脂肪有可能影响适应性，特别是增强肌肉质量方面
剂量	许多科学家、教练和运动员相信与不运动的个人相比，运动员需要摄入更多的蛋白质。但是没有证据支持这种必要性或者摄入大剂量蛋白质的裨益，例如每天大于 1.7~2.0 克蛋白质/千克体重。假设大部分运动员需要摄入很多能量，即使不服用蛋白质补充剂或采取其他方式，也能摄入足够的蛋白质。如果以其他营养物质（特别是支持训练所需的碳水化合物）为代价而摄入过量蛋白质，则会影响训练适应

第12章

替代燃料

阿斯克·约肯德鲁普

替代燃料，也叫作非传统燃料，是任何可以用作非传统燃料的材料或物质。对运动员而言，传统燃料指的是脂肪酸和葡萄糖。因为释放大量的二氧化碳意味着运动员的表现更好，所以我们正在寻找能够增加而不是减少碳足迹的方法。尽管如此，我们继续寻找替代燃料。

对身体而言，碳水化合物和脂肪酸是最重要的燃料。这两种燃料都可以存在于身体中。碳水化合物的存储量比较小，几个小时就能消耗殆尽。实际上，脂肪存储没有限制。但是在高运动强度下，运动员没有办法使用这种燃料。研究表明，在运动开始时确保燃料池储满碳水化合物能够提高耐力，并且在运动中消耗碳水化合物会使耐力达到顶峰，从而会进一步提高运动表现。但是我们也知道，在运动中摄入葡萄糖的氧化速度不会高于60

© PowerBar

克/小时或240千卡/小时。对于一个中上等训练有素的人而言，在中等训练强度下，碳水化合物的氧化速度通常会大于500千卡/小时。而优秀运动员的碳水化合物氧化速度大约是1 000千卡/小时。这样，身体的碳水化合物存储会飞快地下降。因此，我们需要继续为运动员寻找替代燃料或附加燃料。一些替代燃料的相关证据（参见表1）。

不同类型的碳水化合物

一开始，我们实验了不同类型的碳水化合物，查看是否它们的新陈代谢速度比葡萄糖的新陈代谢速度快。我们研究了半乳糖、麦芽糖、蔗糖、麦芽糊精和不同类型的淀粉。我们发现，有些碳水化合物的氧化速度和葡萄糖的氧化速度一样，氧化速度不会超过60克/小时。最近我们研究了两种较新的碳水化合物：海藻糖和6-果糖-α-葡糖苷。但是发现这两种碳水化合物的氧化速度比麦芽糖的氧化速度慢50%~60%。我们也研究了一种高分子量葡萄糖聚合物（HMW-GP）（一种非常大的淀粉分子）[罗兰（Rowland）等，2005]。首先，我们证明与葡萄糖相比，这种HMW-GP能够加强胃排空。另外，HMW-GP的渗透压很低，即便是高浓度的碳水化合物也是如此。但是，氧化速度与葡萄糖的氧化速度一样（罗兰等，2005）。总之，在氧化方面，没有一种单一的碳水化合物可以胜过葡萄糖（约肯德鲁普，2008）。

碳水化合物混合物

发现摄入的碳水化合物的最大氧化速度是60克/小时的最可能原因是吸收限制后，我们开始实验不同类型的碳水化合物。理由是如果肠内的碳水化合物转运蛋白饱和，就不能进行氧化。这就意味着，即便摄入更多同样的碳水化合物，也不会对摄入的碳水化合物的氧化速度有影响。我们假设如果摄入利用不同转运蛋白的碳水化合物且该碳水化合物也能够被氧化，那么就会加快外生的碳水化合物（摄入的碳水化合物）的整体氧化速度。结果证明我们的想法是对的，因为摄入葡萄糖和果糖的混合物、麦芽糊精和果糖的混合物、葡萄糖和蔗糖的混合物后，碳水化合物的氧化速度加快了（约肯德鲁普和莫斯利，2008）。在两个研究中，碳水化合物的氧化速度大约是110克/小时[杰特杰恩斯（Jentjens）和约肯德鲁普，2005]。

在所有研究中，从实际的角度出发，我们还有一些重要发现。首先，葡萄糖和果糖没有神奇的最佳氧化速度。其次，果糖通常会造成肠绞痛。但是一起摄入果糖与葡萄糖时，这种问题就不存在了。再次，为了看到对氧化和性能有积极的影响，需要摄入相对较大剂量的碳水化合物。但是，以90克/小时的速度摄入碳水化合物时，与含有单一碳水化合物的碳水化合物饮料相比，葡萄糖：果糖饮料会发生作用并且持续提高表现（柯尔和约肯德鲁普，2008）。

表1　　　　　　　　替代燃料和支持使用它们的证据示例

替代燃料	证据	推荐
半乳糖	比葡萄糖的氧化速度慢	否
海藻糖	比葡萄糖的氧化速度慢	否
麦芽糊精	与葡萄糖的氧化速度相似，不那么甜	*
高分子量葡萄糖聚合物	与葡萄糖的氧化速度相似，不那么甜，但是难以溶于水	*
多种可转运的碳水化合物（例如葡萄糖＋果糖，麦芽糊精＋果糖）	比葡萄糖的氧化速度快，溶水性更好，性能增强，耐受性良好	***
碳水化合物＋蛋白质	混合的结果，没有足够的证据支持	否
BCAA	不可能成为重要的燃料，对性能没有影响	否
MCT	氧化速度快但是会引起肠胃不适	否
乳酸盐	大剂量会引起肠胃不适	否
聚乳酸	生物利用度低，引起肠胃不适，没有效果	否

咖啡因和葡萄糖

　　向汽车中的燃料加入燃油添加剂时，可以省钱，同时还能提高燃料利用率和润滑率并降低废气排放。同碳水化合物一起摄入时，咖啡因扮演着类似的角色。研究表明，咖啡因与碳水化合物一起摄入时，会使摄入的碳水化合物的氧化速度提高26%，这可能是因为促进了葡萄糖的吸收。在本次研究中，咖啡因的剂量相对较大而碳水化合物的剂量相对较小。在接下来的研究中，我们减少碳水化合物的剂量，但是我们发现摄入的碳水化合物的氧化速度没有增加。而研究表明咖啡因可以在不依靠摄入的碳水化合物氧化的影响下提高性能（参见第18章）。为了证明咖啡因在什么情况下能够成为一种有用的燃油添加剂，我们还需要进行更多实验。

中链甘油三酯（MCT）

　　由于我们一开始认为碳水化合物的氧化速度不会大于60克/小时，所以我们开始调查不是碳水化合物却能快速提供能量的燃料。MCT就是这样一种燃料。MCT是相对较小的脂肪，可以迅速在胃部排空，并能很快地被吸收和氧化。在一系列的研究中，我们把MCT加入到碳水化合物饮料中，结果我们证实MCT能够被快速完全地氧化。但是，由于我们只加入了相对较小剂量（3小时加入30克）的MCT，所以新陈代谢和性能没有变化。我们很难加入大剂量的MCT，因为大剂量的MCT通常会造成下腹部问题。运动员适应了摄入大剂量的MCT后，胃肠不适就会有所减缓，新陈代谢也会有所适应，但是重复的冲刺能力却下降了。

运动中支链氨基酸（BCAA）的摄入

人们建议在比赛中除了碳水化合物和脂肪，也可将BCAA用作燃料。但是，研究表明BCAA氧化过程中需要的酶的活性太低，以至于BCAA不能作为一种能量进行消耗。有关一种有商标的BCAA详细研究表明，运动中BCAA的氧化速度只提升了2~3倍，但是碳水化合物和脂肪的氧化速度提升了10~20倍。

> BCAA看起来在运动中并没有扮演着同燃料一样重要的角色。从这个观点来看，在运动中补充BCAA根本没有必要。

同样，运动中碳水化合物的氧化会抑制BCAA氧化速度的提升。一份相关的声明指出，由于BCAA可以用作燃料而非肌糖原，所以BCAA能够节省葡萄糖。但是很明显，研究并没有在运动中摄入BCAA时发现这一点。三份控制良好的研究并没有发现BCAA补充剂对成绩的功效。使用长时间的试验方法，这些研究发现摄入BCAA对成绩没有任何功效。因此，BCAA看起来在运动中并没有扮演着同燃料一样重要的角色。从这个观点出发，在运动中补充BCAA根本没有必要。

运动中蛋白质的摄入

最近，针对蛋白质在运动中可能扮演的角色有很多讨论。对将蛋白质加入到碳水化合物饮料中的热情源于少量的研究。这些研究指出与单一的运动饮料相比，将小剂量（2%的乳清蛋白或大约20克/升）的蛋白质加入到碳水化合物中会增强耐力。这些研究因为各种原因受到指责。这些研究中的受试者没有经过训练，在实验之前的日子里受试者的饮食没有得到很好的控制，而且运动性能实验的执行方式也存在（技术）问题。

发表这些发现时，运动科学家却对这些发现感到困惑。因为，他们难以想到蛋白质能够具有这些功效的原因。有趣的是，这些人几年之后又重复进行了研究，他们发现蛋白质对性能没有功效。在最近几次控制良好的研究中，发现一种碳水化合物＋蛋白质的饮料没有额外的性能功效。

> 虽然有人建议在长时间运动中摄入蛋白质会对碳水化合物有额外的性能影响，但是看起来控制良好的研究并没有确认这一点。因此，现在没有充分的证据支持在运动中摄入蛋白质。

乳酸盐和聚乳酸

对人体心脏和肌肉而言，乳酸盐是一种良好

的燃料。在一些研究中，乳酸盐的清除和氧化速度超过了葡萄糖的清除和氧化速度。在强度适度的运动中，大部分血液中的乳酸盐由具有较高氧化能力的活性肌肉纤维进行氧化。乳酸盐可以用作钠或乳酸钾。

但是，含有这些盐分的溶液具有非常高的克分子渗透压浓度。摄入的钠或钾的含量非常高，而且有可能造成严重的肠胃问题。在不引起肠胃问题的情况下，最多可以摄入10克的乳酸盐。理论上，这种太多乳酸盐引起的问题可以通过聚乳酸解决。聚乳酸是一种乳酸聚合物。聚乳酸能够降低克分子渗透压浓度，同时还可以提供大剂量的乳酸盐。

如果聚乳酸能够更好地溶于水，并且在人体肠道里像葡萄糖聚合体一样快速水解，聚乳酸就能成为理想的摄入碳水化合物的化学形态。但是，通常情况下食物中不含有聚乳酸，而且聚乳酸的溶水性不是很好。

> 聚乳酸的生物利用度和肠胃吸收度很低，甚至为零。研究也没有发现聚乳酸对性能有任何影响。因此，聚乳酸不能作为一种强化剂。

除此之外，人体没有降解聚乳酸的酶。因此，聚乳酸的生物利用度和肠胃吸收度很低，甚至为零。在真正的化学意义上，聚乳酸生成乳酸盐的速度不高，或者说乳酸盐不能在运动中用作一种营养强化剂。研究也没有发现聚乳酸对性能有任何影响。因此，聚乳酸不能作为一种强化剂。乳酸补充剂（各种现有形式）的主要问题在于只有乳酸补充剂达到一定的摄入速度，才会对性能产生影响。但是肠道不能容忍这种速度。

小结

- 与单一碳水化合物相比，某些碳水化合物混合物（例如葡萄糖和果糖）能够加快碳水化合物和液体的交付。也有研究表明碳水化合物混合物可以提升表现。但是，为了获得这种功效，需要摄入大剂量的碳水化合物（>90克/小时）。

- 咖啡因是一种兴奋剂，能够提升耐力性能。小剂量（2~3毫克/千克体重）的咖啡因已经具有这种功效。大剂量的咖啡因不会提供额外的功效。

- 一些研究表明，在运动中摄入蛋白质和CHO能够提升耐力（运动至力竭的时间）。但是有些研究表明，在运动中摄入蛋白质和CHO没有任何功效。需要采用其他研究来解决这个争论。但是我们应该谨记，没有任何已确立的机制认为运动中摄入蛋白质可提高表现。

- BCAA看起来不能作为一种燃料，也不会提升耐力性能。

- 乳酸盐和聚乳酸是有趣的替代燃料。但食物中发现的乳酸盐/聚乳酸的含量不足以使它们成为燃料。

● MCT 是一种有趣的燃料。但是如果摄入的剂量太大，会造成肠胃不适。如果摄入的剂量过小（<30 克），又没有什么功效。

第13章

膳食补充剂

汉斯·布劳恩

术语"膳食补充剂"暗示需要为正常饮食补充一些东西。确实，领先的运动组织建议"运动员在考虑食用补充剂之前应该确保有一个良好的饮食习惯"（莫恩等，2007）。有趣的是，我

> **运动员普遍食用膳食补充剂。**

们发现最近的报告指出，只有54%（奥林匹克运动员）和18%（优秀的年轻运动员）曾经有个人营养咨询经历（莫恩等，2009）。因此，他们对什么才是最好的日常饮食的理解很有限。另一方面，许多研究表明运动员普遍食用膳食补充剂（76%~91%）（布劳恩等，2009；莫恩等，2007），虽然这些数据可能被膳食补充剂的范畴所影响。

在科学文献中，术语"膳食补充剂"并没有被统一使用，而且对运动员特定食用的补充剂也没有清楚的定义（莫恩等，2007）。

运动员食用很多能够被称为膳食补充剂的食物：运动饮料、富含碳水化合物的能量产品、蛋白质和蛋白质组成成分、维生素、矿物质、微量元素、草本提取物和强化剂（咖啡因、缓冲剂和肌酸）。运动员因为各种各样的理由食用补充剂，但是通常情况下，他们食用补充剂的主要目的是优化再生和免疫功能，改善整体健康和提高表现。

> **在科学文献中，术语"膳食补充剂"并没有被统一使用，而且对运动员特定服用的补充剂也没有清楚的定义。**

关于大部分膳食补充剂的裨益尚有争论，因为这些膳食补充剂的功效尚未得到科学验证。可能是由于多个原因导致这个结果：对反应和耐受性的个体差异、食用补充剂的安慰效果或者仅仅是缺乏研究。在决定建议或食用膳食补充剂之前，重要的是我们应考虑现有的证据。

在食用膳食补充剂之前我们应充分讨论该膳食补充剂的风险和裨益。最近的研究表明，内科医生、教练、营养专家、物理治疗师和父母是膳食补充剂信息的主要提供者（布劳恩等，2007）。因此，不仅仅是运动员需要了解补充剂的使用。

运动饮料——富含碳水化合物的溶液

运动饮料用于在运动中或运动后快速补充液体和能量。有些建议已经明确运动饮料

的最佳成分。大体上讲，运动中补充的运动饮料应该包含碳水化合物（6%~8%）、钠（20~30毫摩尔/升）和钾（3~5毫摩尔/升）[美国运动医学会（ACSM），2007]。但是，运动饮料的成分取决于气候环境（寒冷或炎热的环境）、碳水化合物或能量需求（液体稀释）和个人耐受性（参见第4章、第5章和第25章）。

饮用运动饮料可能对高强度运动、耐力比赛、持续时间较长的间歇性运动（团队运动），或赛前称体重后需要快速恢复的质量型运动的表现有裨益。运动饮料用于在运动和修复过程使运动员活跃，运动饮料的功效取决于运动时长和运动强度。但有一个问题值得我们质疑，是否需要鼓励那些在每天在健身房健身减肥的人饮用含有碳水化合物的饮料。

运动凝胶和运动能量——富含碳水化合物的运动食品

对于持续时长超过1小时的高强度运动而言，在运动过程中替换碳水化合物颇有裨益（约肯德鲁普，2008）。运动凝胶和运动能量棒是可便携的压缩碳水化合物。他们一次就能提供相对较多的能量。为了满足水合作用需求和降低肠胃不耐受的风险，食用运动凝胶和运动能量棒的时候，应饮用足够的水分。

富含碳水化合物的补充剂不仅对剧烈运动有裨益，忍饥挨饿时、没有固体食物时或作为训练间隙中的零食，它们也能够提供压缩能量以便身体快速恢复。但是，这些补充剂只能在特定条件下食用，因为它们只是合适的食物而并不是真正意义上的零食。凝胶和能量棒是高热量食物，如果食用过多，会导致摄入的能量过多或造成对所有食物的不恰当替换。因此，食物来源应该首先考虑正餐和零食。

蛋白质和蛋白质成分

建议运动员最多摄入大约1.7克/千克体重的蛋白质[特兰诺波尔斯基（Tranopolsky），2008]。饮食调查表明，只要能满足能量需求，有些运动员的饮食模式只需提供1.2~2.0克/千克体重/天。但是，如果运动员需要摄入更多蛋白质，他们可以食用富含蛋白质的食物（如奶制品、肉类、鱼肉、谷物、大豆和一些蔬菜）。

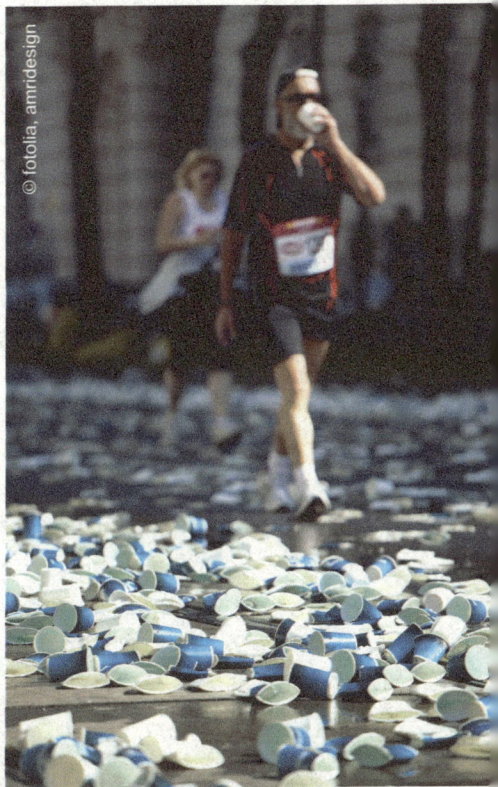

假设食用多种食物，就没有必要食用蛋白质补充剂。关于摄入蛋白质的时间，有人建议运动后立即补充蛋白质。但是最近关于这方面的研究表明，现在还不清楚运动员采取这一策略是否真的有裨益（霍利等，2007；蒂普顿，2008）。

> 至于氨基酸，几乎没有证据表明运动员在正常饮食中食用氨基酸补充剂有任何裨益。

在紧张的训练后食用含有蛋白质和碳水化合物的零食或正餐是修复肌肉、适应训练，以及为恢复肌糖原水平提供碳水化合物能量的一个可行方案（特兰诺波尔斯基，2008）。但是，没有必要食用含有碳水化合物和蛋白质的能量棒、饮料或粉状物质，因为零食或正餐就可以提供一样的营养物质（参见第11章）。至于氨基酸，几乎没有证据表明运动员在正常饮食中食用氨基酸补充剂有任何裨益。

维生素、矿物质和微量元素

对大众而言，虽然推荐膳食标准（RDA）是维生素、矿物质和微量元素摄入的指导方针。但是，还没有针对运动员的官方推荐。在过去的几年中，即便是运动营养学会议也无法就运动员所需的其他微量营养素达成共识。相反，一份早期的报告指出："除了大众所接受的膳食指导方针，关于支持营养摄入标准的科学证据还很缺乏或不一致"［欧洲委员会（European Commission），2009］。即便某个研究支持摄入更多的微量营养素，看起来我们也还需要在该领域进行更多的研究，以便得出一个明确的结论。

运动员经常在不了解自己的饮食或生物化学状态的情况下就食用某种营养素（铁、镁、维生素C、维生素E等）。运动员应该了解过量食用营养素会对身体健康和运动表现带来负面影响［欧洲食品安全局（European Food Safety Authority），2009］。因此，应该在运动营养学家进行营养评估后按医嘱食用营养素（如铁）。

人们普遍认为运动员需要摄入充分的微量营养素。而且，与久坐不动的人相比，看上去运动员需要摄入更多的微量营养素。但是，最好通过饱含营养物质的多样化饮食获得这些营养物质。如果严格限制能量摄入，运动员可能面临营养物质摄入不充分的风险。此外，如果所摄入食物的营养物质不平衡（运动员在国外且食物供应有限时）或者食物种类得不到改进，含有多种维生素和矿物质的补充剂就会发挥作用。

维生素和矿物质的摄入上限

过去，除了营养物质补充剂，食物配方也很流行。在超市，我们可以买到很多富含微量营养素的食物，例如酸奶、果汁、糖果和许多运动食物。我们这里只是举几个例子说明。例如，运动饮料或能量棒主要用来补充碳水化合物。它们包含很多微量营养素，虽然还没有关于这一方面的科学依据。但是，它们会对人体有害吗？欧洲食品安全局（2009）确定了维生素和矿物质的可容忍摄入水平（UL）。UL指的是"在不会对人体造成伤害的情况下，某种营养物质（来自所有来源）的长期日摄入总量"（欧洲食品安全局，2009）。例如，镁（只来自补充剂）的UL是250毫克/天。但是，对成人和青少年而言，锌的日摄入总量（食物＋补充剂）分别是是25毫克和18~22毫克。运动员可以通过补充剂或多种富含微量营养素的运动食物（运动饮料＋运动能量棒＋含有多种维生素和矿物质的补充剂）轻松获得该剂量的营养物质。

总之，即使现在还不清楚对运动员有害的剂量是多少，但在制定补充剂策略和选择运动食物时应该考虑维生素和矿物质。

强化剂和其他物质

市场上出售的许多产品宣称能提升运动成绩、健康状态或改进再生。然而，我们只能证明有些产品具有一些功效和安全性。有些产品没有证据并不意味着这种产品没有任何功效，或者说没有危害健康和降低成绩的风险（莫恩，2007）。

此外，如果某个产品有证据，也不能意味着这种产品在所有情况下适用于所有运动员。我们需要根据运动类型、营养状态、训练状态和基因进行个人评估，然后才能使用补充剂。因此，运动员需要查明他们是否对某种补充剂反应良好。他们还应注意食用补充剂的剂量、时间（例如是

> 肌酸、咖啡因和缓冲剂（碳酸氢盐和肌肽）在某些情况下对某些运动员有功效。

在运动前还是在运动后）和食用补充剂的时间段。肌酸、咖啡因和缓冲剂（碳酸氢盐和肌肽）在某些情况下对某些运动员有功效（莫恩等，2007）。

风险——污染物和添加剂

自1999年以来，就有很多研究表明膳食补充剂可能含有添加剂（盖尔，2008）。这些研究表明补充剂可能含有某些禁用物质。2001/2002年对634种补充剂进行的一项国际调查表明，15%的非激素类补充剂含有合成代谢的雄激素类固醇。2005年，维生素C、多种维生素剂和镁药片被没收。这些物质存在康力龙和去氢甲睾酮的交叉污染。此外，我们发现有些膳食补充剂含有大量的合成类固醇（盖尔，2008）。我们会在第14章进行讨论。参加调查的专家认为由于合成类固醇的交易和种类不断增加，将来市场上膳食补充剂的污染会变得更严重（盖尔，2008）。因此，我们建议运动员只食用来自"低风险"来源的补充剂。德国和新西兰的数据库列出了以下具有高质量控制标准的公司生产的补充剂，这些公司会筛选合成类固醇和兴奋剂，以便他们的产品在生产和运输过程充不会接触到这些物质。

表1　　　　　　　　　　　　　膳食补充剂的风险和裨益

	裨益	风险
总括	心理上的帮助和安慰效果	无意造成的添加剂情况和健康风险
运动饮料	在运动中补充液体和碳水化合物，运动后再水合和再次增加能量	能量密度高营养密度低
富含碳水化合物的产品	具有高碳水化合物需求的训练在比赛前要补充碳水化合物，运动中和运动后要再次增加能量	能量密度高营养密度低
蛋白质	在碳水化合物摄入较少的时候满足蛋白质需求	
维生素、矿物质和微量元素	在食用不平衡饮食而限制能量摄入的时候（例如出差，繁忙的计划）满足日常微量营养素建议	应注意超过最高摄入水平的情况
增补剂	对某些人而言，在某些情况下，肌酸、咖啡因和缓冲剂会有裨益	可能存在副作用，查看个人反应

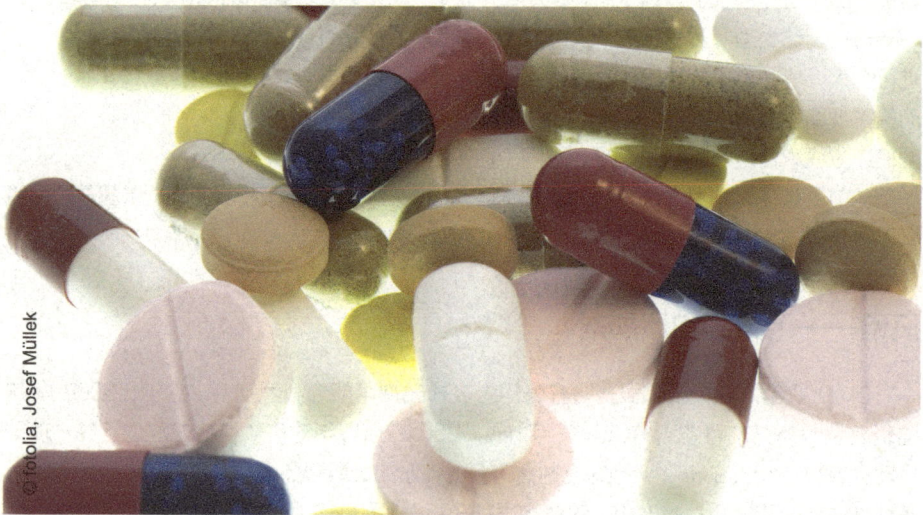

©fotolia, Josef Müllek

小结

考虑食用某种补充剂前：

- 运动员应确保食用健康、平衡和针对运动的饮食。
- 想要食用补充剂，建议由有资质的运动营养学专家进行个人营养评估。

- 不应该低估来自强化（运动）食品的微量营养物质的摄入，以免导致摄入量超过上限。
- 补充剂有可能被污染或造假，这会导致含有添加剂的情况。

膳食补充剂不能简单地分为有用和没用两大类。实际上，它们是否有用取决于个人情况和对补充剂的反应。因此，以下情况下，运动员可以从补充剂中获益：

- 饮食平衡。
- 具有特定的消化条件（例如素食和乳糖不耐症）。
- 在减肥或"减轻体重"阶段。
- 在剧烈运动且修复时间较短的阶段（例如训练营）。
- 四处出差且食物供给受限时。
- 某些情况下的某些运动员（例如肌酸、咖啡因和缓冲剂）。

最终：

- 运动营养学家不应该忽略他们在运动营养学和补充剂方面继续进行研究的重要性。
- 此外，内科医生、教练、物理治疗师和为人父母者也需要了解膳食补充剂的风险和裨益。

第14章

与膳食补充剂使用相关的风险

罗纳德·莫恩

补充剂使用

　　大部分人都使用膳食补充剂。现有证据表明运动员使用膳食补充剂的频率更高（黄等，2006）。运动和比赛使用膳食补充剂的形式不一样。但还没有运动员在他们职业生涯的某个阶段没有使用过膳食补充剂。大部分运动员了解使用补充剂的裨益，包括改进身体健康和提升运动成绩（莫恩等，2007）。

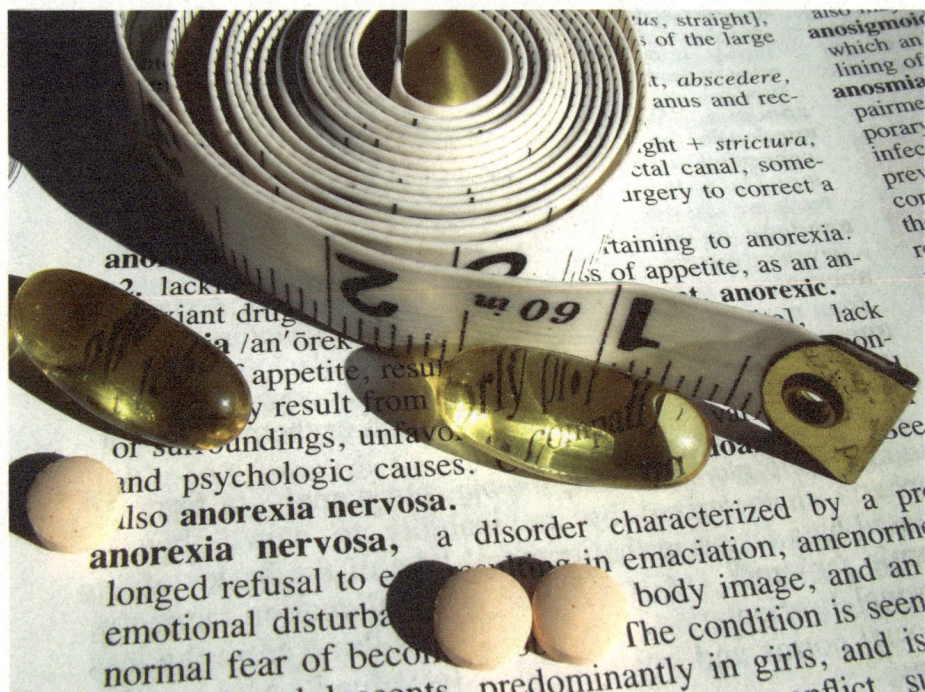

© fotolia, Keith Frith

补充剂管理

　　虽然膳食补充剂毫无疑问会给一些人带来裨益，但膳食补充剂也可能会造成一些负面影响。美国国会 1994 年通过膳食补充剂健康与教育法案（DSHEA），指出那些无法宣称可以诊断、预防或治疗疾病的营养补充剂不受食品及药物管理局（FDA）的管理。补充剂的管理和食物成分一样，不受制于医药行业规则的严格控制。从这一点我们可以看出，根本没有必要证明所谓的裨益，也没有必要表明对急性病或长期管理的安全性，也无需满足质量保证和自由贴标的需求。我们已经认识到市场上在售的一些膳食补充剂确实存在问题，但是现行的法律很难监管这方面的食品安全。FDA运用其权力召回了一种叶酸产品，因为他们发现该产品只含有34%所宣称的剂量。最近他们还召回了一些维生素A、维生素D、维生素B_6和硒含量超标的产品，因为这些产品的某些成分具有毒性。由于生产商没有遵循良好的生产实践，导致有些产品含有杂质（铅、碎玻璃、动物排泄物等）。由于在产品生产和存储过程中糟糕的卫生状况，肠胃不适也是运动员的一大困扰。可能这不仅仅是不便还有可能是让运动员错失一场重要比赛的问题了。

质量控制

可能由于生产过程中缺乏质量控制，补充剂中的活性成分变化多端。但是也有证据表明有些产品并未含有标签上列出的昂贵成分的有效剂量。某些情况下，有些产品没有活性成分，只含有一些廉价的物质。根据哈里斯（Harris）(2004）等的报告，甚至一些产品也没有一些相对便宜的成分或者是只含有微不足道剂量的廉价成分。我们需要进行一个十分复杂的化学分析以便确定补充剂的成分。所以运动员无法知道这些产品的成分是什么。

成本收益分析

通常情况下，食用补充剂的运动员不是很了解他们食用的补充剂的潜在功效。但是看起来清楚的是：只有在对这些补充剂仔细进行成本收益分析后才能食用这些补充剂。天平的一边是收益，最明显的就是运动成绩的提升；天平的另一边是成本和风险。人们普遍认为维生素和矿物质补充剂没有坏处，而且每天一片多种维生素药片被认为是"以防万一"的保险单。运动员也会使用很多草药制品，即便没有或很少有证据证明所宣称的裨益。实际上，大部分补充剂在退出市场之前只是短暂地流行，这说明运动员认为的补充剂的所有裨益不足以确保他们继续服用或向朋友和同事推荐该补充剂。虽然这些补充剂基本上是良性的，但这也不是绝对情况。例如，常规的铁剂弊大于利。实际上，很多消费者都有铁中毒的风险。

实际上，一些补充剂会对健康造成损害。但是我们难以确定这些补充剂。并且，只有很多不良事件发生后，这些补充剂才会从市场上退出。

> 通常情况下，食用补充剂的运动员不是很了解他们食用的补充剂的潜在功效。但看起来清楚的是，只有在对这些补充剂仔细进行成本收益分析后才能食用这些补充剂。

在最近，只有在造成一名消费者死亡和引起大量消费者肝中毒、心血管问题和癫痫后，很多含有羟基柠檬酸的产品才不再进行销售。

补充剂是否会引起药检阳性

对于那些需要接受检查，确定在运动中是否使用了违禁药品的运动员而言，最关心的问题就是补充剂可能含有导致药检呈阳性的成分（莫恩，2005）。只有少量人被查到使用添加剂，但是这些人往往是最成功的运动员。对这些运动员而言，药检呈阳性意味着他们将失去奖章或纪录，甚至是暂时禁赛。也会损害运动员的声誉，或许导致运动员永远失去工作和收入。如果是故意欺骗，那么这些惩罚看起来完全合适，但毋庸置疑的是，有些药检呈阳性是因为无意中食用了一些膳食补充剂。

> 补充剂可能会受到污染，从而导致药检呈阳性。还有报告指出，在有些情况下，由于食用含有未经宣布的合成类固醇的膳食补充剂而对身体健康造成了严重伤害。

现在很多研究表明膳食补充剂受到违禁物质的污染是很常见的一件事（莫恩，2005），涉及很多无公害的补充剂包括许多反兴奋剂机构禁药清单上的兴奋剂、类固醇和其他药剂。但是这些情况完全不影响这些补充剂的合法销售，因为这些成分不会在产品标签上进行说明。在有些情况下，这些掺入杂质的产品甚至表明运动员可安全食用这些产品。在某些情况下（并不是全部情况下），这些外来添加剂会与产品的预期用途有关系。研究发现，有些被当作肌肉生长促进剂进行售卖的补充剂含有合成代谢药剂，有些中药补药含有兴奋剂，有些中药减肥补充剂中含有合成代谢药剂。这些发现表明，有些是生产商故意将活性成分加入到失效产品中，而有些是管理人员允许在生成设施上混合一些单独的产品。这可能发生在原材料准备过程中，也可能发生在成品的生产过程中。某些情况下，补充剂的剂量很高，甚至高过正常的治疗剂量。盖尔等（2002）在英国购买了一种"锻炼身体"的补充剂，经过分析发现该补充剂含有methandieneone（通常叫作"大力补"）。这种药品的剂量比较大，足以带来合成作用，但也足以产生严重的副作用，包括肝中毒和致癌。与许多先前涉及诺龙和睾酮相关的类固醇情况不一样，这不是一种不重要的污染，存在故意在产品中掺杂成分以便对肌肉力量和质量产生明显效果的意图。这些高剂量成分带来不良健康效应的前景也引发了真正的问题。最近的报告记录了几起由于使用含有未经宣布的合成类固醇的膳食补充剂导致对人体健康造成严重副作用的情况［克里希南（Krishnan），2009］。

能否保证补充剂的安全性

尽管存在这么多问题，但可以确定的是：大部分的膳食补充剂是安全的，不会引起健康问题或违反世界反禁药运动的规范。但是，同样确定的是一小部分面向运动员出售的产品依旧有这类风险。我们正在采取很多措施试图解决这些问题，但是，现在没有办法保证某种产品没有任何风险。

一方面是由于极少量的某些物质会引起药检呈阳性的结果。摄入 19-去甲-4-雄烯二酮（一种违禁药和诺龙的前体）会导致该物质出现在尿液中，而尿液是药检中使用的诊断代谢物。如果 19-去甲-4-雄烯二酮的尿药浓度超过 2 纳克/升，尿检结果就会呈阳性。只要在补充液中加入 2.5 克 19-去甲-4-雄烯二酮，某些运动员（并不是所有运动员）的 19-去甲-4-雄烯二酮尿药浓度就会超过这个阈值（沃森等，2009）。这种影响是短暂的，但是我们能从图 1 中看出即使食用大剂量的类固醇，只有在食用后的第一份或第二份尿样含有充足的类固醇代谢物，才会导致尿检结果呈阳性。这意味着食用类固醇的运动员其尿检结果也可能不呈阳性，这取决于食用该补充剂后收集尿样的时间。类固醇的添加剂量接近当前膳食补充剂分析所使用的分析方法的检测限制。我们也不确定关于成品的分析是否能检测出这些成分。

研究已经表明，很多补充剂中含有很少量的外来添加剂——至少 1/4 我们用来进行实验的补充剂都含有少量的外来添加剂——即便尿检结果呈阳性，这些添加剂也不会对生理机能造成影响（参见表 1，盖尔等，2004）。这些添加剂看起来更像是由于原材料或完成品在生产、存储或配送的某个阶段受到了污染。也有可能是生产线的交叉污染。由于在原材料生产阶段缺乏质量控制机制，从而导致禁用物质的生产线毗邻膳食补充剂的生产线。

> 冒着兴奋剂检查呈阳性的风险，打算使用膳食补充剂的运动员应该考虑清楚，是否该膳食补充剂的潜在裨益会大于可能导致他们职业生涯结束的害处。

我们正在努力解决这些问题，同时明确运动员可以放心使用的产品。我们无法完全保证某种产品绝对安全，但是这种方案确实可以帮助运动员来管理风险。由于对兴奋剂有着严格的归责原则，因此即使是在使用被污染的膳食补充剂时不小心摄入违禁物质也不能免除运动员的罪责。打算使用膳食补充剂的运动员应该考虑清楚，是否该膳食补充剂的潜在裨益会大于可能导致他们职业生涯结束的兴奋剂检查呈阳性风险。

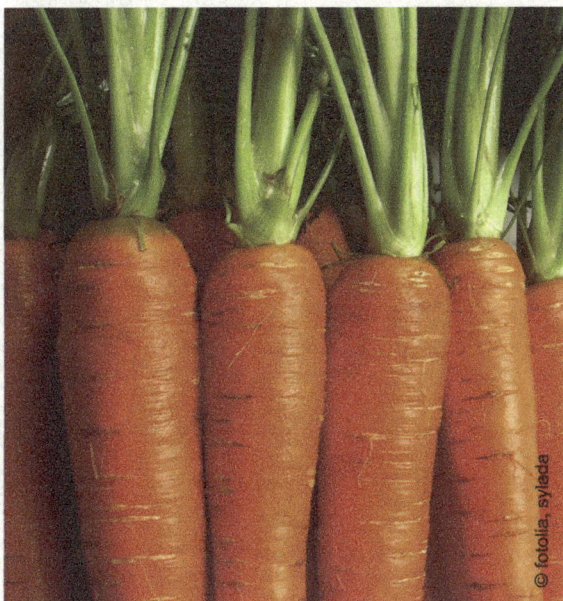

© fotolia, sylada

表1　　科隆兴奋剂实验室为国际奥林匹克委员会所做的膳食补充剂中的
同化剂分析结果（盖尔等，2004）。对于购买补充剂的国家，表中
列出了受试样品的数量、含有违禁类固醇样品的数量，以及占整体的百分比

国家	受试样品数量	结果呈阳性的受试样品的数量	结果呈阳性的受试样品所占的百分比
荷兰	31	8	25.8
奥地利	22	5	22
英国	37	7	18.9
美国	240	45	18.8
意大利	35	5	14.3
西班牙	29	4	13.8
德国	129	15	11.6
比利时	30	2	6.7
法国	30	2	6.7
挪威	30	1	3.3
瑞士	13	0	0
瑞典	6	0	0
匈牙利	2	0	0
总计	634	94	14

第15章

营养学和免疫功能

迈克尔·格里森

面临风险的运动员

有证据表明，如果运动员训练很辛苦或最近参加耐力田径比赛，那么他染上轻微疾病和感染的风险就会变大（格里森，2005）。运动员最容易患上呼吸道感染（URTI），大部分上呼吸道感染是由病毒而非细菌引起（因此使用抗生素没有效果）。就疾病本身而言，上呼吸道感染是一种微不足道的疾病，但是它会中断训练或导致运动员错过重要比赛（或在比赛中发挥不佳）。较长时间的剧烈运动，特别是在运动期间没有摄入碳水化合物，以及艰苦训练期间没有完全恢复和/或没有摄入充分的能量，就会危害人体免疫系统。此外，长期的身体和/或心理压力导致的应激激素（例如皮质醇、肾上腺素）或抗炎症细胞因子（白细胞介素6和10）过多，也会降低人体与机会性感染抗争的能力，包括感冒和流感。

> 心理压力、睡眠不足和营养失调也会破坏免疫系统，增加感染的风险。

有证据表明，持续90分钟及以上的急性剧烈有氧运动会导致先天和后天免疫系统多方面的功能暂时低下，包括单核细胞、中性粒（白）细胞、自然杀伤细胞和T、B淋巴细胞的机能反应下降。人们认为这些变化会形成一个主体保护能力下降的"开放时间窗"。在此期间，病毒和细菌会占据一席之地，增加感染的风险（格里森，2000；尼曼和佩德森，2000）。其他因素，例如心理压力、睡眠不足和营养失调也会破坏免疫系统，增加感染的风险（参见图1）。也有运动员接触传染源的情况。

维持有效的免疫系统

想要维持人体自然防御系统以抵抗引起微生物（病原体）的疾病，最基本的方式就是保证充足的营养，特别是摄入适当的能量、蛋白质、维生素和矿物质。因此，我们建议运动员最好食用合理的饮食，满足能量需求且食物种类多种多样。值得铭记的是，长期缺乏某种基本维生素或矿物质会危害人体健康。那么一个不健康的运动员就不可能发挥其最大潜能。因此，维持有效免疫系统的关键是避免缺乏在免疫细胞功能中发挥基础作用的营养物质。

不充分摄入蛋白质和能量或缺乏某种微量营养物质（例如铁、锌、维生素B_6和B_{12}）会降低免疫系统防御病原体入侵的能力，从而使运动员更容易受到感染（考德尔等，2002；格里森等，2004）。人们普遍接受如果不充分摄入蛋白质，会影响主体免疫力，特别会危害T细胞系统，从而会导致多发机会性感染。本质上，研究证明所有的免疫力形式都会受到人体蛋白质营养失调的影响，影响大小取决于与能量摄入相关的蛋白质缺失的严重程度。

> 溶脂性维生素A和E和水溶性维生素（如叶酸、B_6、B_{12}和维C）的缺失会损害免疫功能和降低人体抵御感染的能力。

除非运动员过分节食或饮食毫无规律，否则运动员永远不可能有严重营养失调的情况发生，但即使适度的蛋白质缺失情况，也会危害主体防御机制。在一项关于运动与减肥相结合的柔道运动员的研究显示，4周节食之后，运动员体重平均减轻2.8千克，但是运动员体内的血清免疫球蛋白和补体蛋白也下降了［梅田（Umeda）等，2004］。相同研究人员进行的另一项研究表明，经过20天运动和节食，嗜中性粒细胞功能也下降了［八重恒（Yaegaki）等，2007］。在蓄意减轻体重的时候，我们应该注意摄入充分的蛋白质（和微量营养物质），并且我们应该意识到正在减轻体重的运动员更可能受到感染。

一些维生素是正常免疫功能的基本要素。溶脂性维生素A和E和水溶性维生素（如叶酸、B_6、B_{12}和维C）的缺失会损害免疫功能和降低人体抵御感染的能力。采用维生素补充剂弥补现有营养物质的缺失是将免疫功能恢复到正常水平的一种有效方式。

有几种矿物质对免疫功能有调节作用，包括锌、铁、镁、锰、硒和铜。除了锌和铁，其他矿物质几乎不会缺失。现场研究一直关注铁缺失会导致传染病发病概率增加。此外，运动对锌和铁的新陈代谢有显著影响。与久坐不动的人们相比，运动员由于出汗和排出尿液较多，肯定需要更多的矿物质。但是，我们也应该意识到实际上过量的铁和锌会损害免疫功能。因此，应该按需食用补充剂，并且定期监控铁（血铁清蛋白和血红蛋白）和锌（红细胞锌）的状态。

饮食研究表明，大部分运动员通过日常饮食就能充分摄入我们建议的维生素和矿物质

剂量。不能很好地摄入这些微量营养物质的运动员包括:(1)为了减轻体重(减少脂肪)而严格控制能量摄入的运动员,(2)饮食种类有限和/或饮食中微量营养物质密度不高的运动员。特别是当这种情况持续很长一段时间后,就会导致未充分摄入微量营养物质。大体上而言,如果严格控制饮食,那么种类繁多的多种维生素剂/矿物质补充液是最好的选择。这也适用于经常在各地参加比赛的运动员,因为这个过程中的食物种类和质量都会受到限制。值得注意的是,某些传染病也会影响营养状态,导致胃口不佳,吸收不良,内源性营养流失的加快和营养需求的提高(考德尔等,2002)。

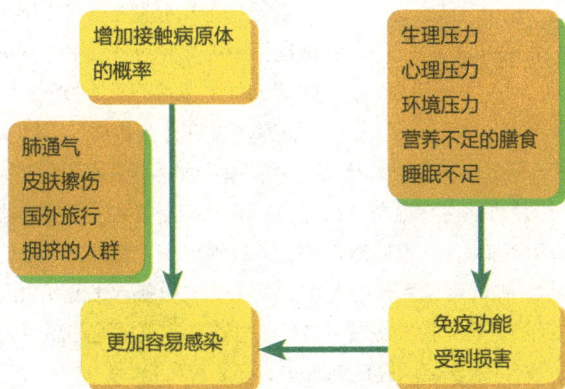

图1　运动员感染风险增加的原因

制止由于运动导致的免疫功能低下的营养策略

对于免疫功能受到损害的人来讲,某些补充剂可能会提升免疫功能并降低感染的风险(尼曼和佩德森,2000;考德尔等,2002)。实际上,市场上有很多营养补充剂宣称能够提升免疫力,包括精氨酸、谷氨酸盐、牛初乳、乳清蛋白质、维生素C、益生菌、锌和一些中药,例如紫锥花。但是,这种说法经常是基于一些在动物、儿童或处于严重分解代谢状态和体外实验的老人和长期病人身上奏效的一些选择性证据。通常来说,这些物质对预防由于运动引起的免疫功能低下或改进运动员免疫系统状态的证据却很匮乏。下一章讨论了我们可以向运动员推荐的提升免疫功能的补充剂。

最好的证据支持是在持续时间较长的运动中,在训练小周期中适当地休息,食用富含碳水化合物的膳食和摄入碳水化合物,这将减少血液中流通的肾上腺素和皮质醇水平,并减少剧烈训练期间出现的过度拉伸现象的发生(格里森等,2004;哈尔森等,2004)。几项对田径运动员和自行车运动员进行的控制安慰剂研究表明,在持续时间较长的运动中摄入碳水化合物(通常情况下以饮料的形式摄入)会减少免疫功能某些方面的有害变化(格里森,2006;尼曼,2008)。但是,现在关于这会导致比赛后感染URTI的概率较少的证据却很匮乏。

在运动过程中摄入饮料不仅有助于防止脱水（这与不断增强的应激激素反应有关），也有助于维持运动中的唾液分泌速率。唾液中包含多种带有抗菌特性的蛋白质，包括免疫球蛋白A、溶解酵素和a-淀粉酶。运动中会减少唾液分泌。但是，运动中定期补水可以防止唾液分泌减少［毕晓普（Bishop）等，2000］。

> 我们应该多进行一些研究来了解运动后或在艰苦训练期间改变基本脂肪酸的摄入对免疫功能所造成的影响。

关于饮食中的脂肪酸对运动诱导的免疫功能修正的管理有何潜在贡献，我们知之甚少。有两种多元未饱和脂肪酸（PUFA）对人体很重要：来自亚麻油酸的omega-6（n-6）脂肪酸和来自亚麻酸的omega-3（n-3）脂肪酸。这两种脂肪酸不能在体内合成，必须从饮食中获取。有研究指出，含有任一PUFA的饮食都能够改善拥有过度活跃免疫系统的病人的身体状况，例如类风湿性关节炎。也就是说这两种PUFA具有抗炎的效果（考德尔等，2002）。虽然尚未有关于运动员的研究，也许过度摄入PUFA能够进一步改善由于运动导致的某些免疫细胞功能低下。在运动中和运动后，摄入n-3 PUFA时再摄入大量花生四烯酸也可能对炎症和免疫功能产生不良影响。我们应该多进行一些研究来了解运动后或在艰苦训练期间改变基本脂肪酸的摄入对免疫功能所造成的影响。

虽然我们现在尚不知道艰苦的训练是否会提高饮食抗氧化剂的需求。因为通过饮食和内生的抗氧化剂防御，人体自然地具有了有效的防御能力。最近有些研究表明，定期服用相对较大剂量的抗氧化维生素也会降低皮质醇对持续时间较久的运动的响应（哈尔森等，2004；格里森，2006）。这些研究使用了维C和维E［费舍尔（Fischer）等，2004］，或者只使用了维C［戴维森（Davison）等，2006］，并且提供了一种可行的机制来解释早期关于维C补充剂能够减少超长距离马拉松比赛运动员的URTI发病率的一些发现［彼得（Peter），2000］。如果定期摄入200毫克/天的维C，人体组织内的维C存储就会达到饱和。所以理论上讲，这个剂量足够了。我们不推荐摄入过量含有其他抗氧化剂的补充剂，因为没有证据表明这些补充剂能够带来好处。而且，我们知道，

© fotolia, Jens Hilberger

实际上摄入过量补充剂会减少人体原有的抗氧化防御系统，甚至会损害或减少对训练的一些适应性。确保饮食中含有大量水果和蔬菜可能是最明智的选择。但是，营养物质只是有助于运动员降低感染风险的策略之一（参见表 1）。

表 1　　　　　　　　　　　　　运动员降低生病风险的策略

- 对免疫功能而言，饮食很重要。许多维生素和矿物质与抵抗感染的能力息息相关，特别是维生素 C、维生素 A 和锌。均衡的饮食应该提供所需的全部维生素和矿物质。但是如果没有新鲜的水果和蔬菜，可以考虑食用多种维生素剂。
- 营养计划应该注重摄入充分的液体、碳水化合物、蛋白质和微量营养物质的需求。确保每天都能恢复糖原存储和在运动中摄入碳水化合物（运动中每小时摄入 30~60 克碳水化合物就会有效果），看起来是将与急性长时间剧烈运动导致的暂时性免疫功能低下降低到最低水平的一种方式，也降低了过度拉伸的概率。
- 关于很多所谓能够提高免疫力的补充剂（例如谷氨酸盐、紫锥花、牛初乳）的有利证据很苍白，虽然有些证据表明益生菌和一些抗氧化成分（维生素 C；黄酮类，例如槲皮黄酮）也许具有降低 URTI 风险的功效。
- 在比赛和休息时要避免口干舌燥，可以每隔一段时间补充水分并保持水合状态。
- 不要与他人共享水壶、餐具和毛巾。饮用经过适当处理的水。
- 其他行为和生活方式的变化，例如良好的卫生习惯（定期洗手和刷牙，使用抗菌性口腔清洗剂）也会通过减少接触公共传染源的方式来限制传染性疾病的传播。
- 避免将双手放在眼睛和鼻子上（过滤性毒菌引起的自体接种的主要途径）。
- 避免过度训练和慢性疲劳。
- 将其他生活、社会、心理压力降至最低（精神压力本身会降低免疫能力和增加 URTI 风险）。
- 定期保持充足的睡眠（至少每天 6 小时）（睡眠中断会降低免疫能力）。
- 避免快速减轻体重（这与不利的免疫变化有关）。如果想要减轻体重（减少脂肪），确保在限制饮食能量期间摄入充分的蛋白质和微量营养物质。
- 在重大赛事之前，避免与生病的人以及很多人处在封闭的环境中。
- 对于容易面临复发性感染的运动员而言，包括常规检查在内的医学支持、适当的免疫和预防可能特别重要。
- 为运动员和与之经常练习的所有支持人员接种疫苗。
- 在训练或比赛后，特别是在冬季（冬季是大众最容易感染 URTI 的季节），注意特别容易感染病原体。
- 如果运动员发烧和/或有一些系统症状，包括关节和肌肉疼痛，运动员应当停止训练。如果这些症状发生在颈部以上，运动员可以继续训练（虽然会消减负荷）。
- 在感染期间不要摄入铁剂。
- 尽可能将感染病原体的团队成员与其他团队成员进行隔离。

意义所在

总之，长时间剧烈运动和繁重的训练会给人们带来身体压力和精神压力。想要获得最佳的健康和运动成绩，确保充分摄入能量、碳水化合物、蛋白质、钙、铜、铁、镁、锰、硒、钠、锌，以及维生素A、维生素C、维生素E、维生素B_6和维生素B_{12}十分重要。最好通过种类繁多且营养全面的饮食获取这些和其他一些营养物质来补充能量，这样的饮食主要包含蔬菜、水果、豆类、谷物、肉、油和适当的碳水化合物（如土豆、面包、米饭、意大利面和谷物食品）。

通常，食物摄入受到限制时或者食物的种类或数量有限时，种类繁多的多种维生素剂/矿物质补充剂是最佳的选择。如果明确缺乏某种微量营养物质，比如缺铁，那么就有必要进行明确的短期营养补充。要向有资质的运动营养学专家咨询后才能进行，因为过度补充某种微量营养物质，包括维生素E、铁和锌，也会损害人体免疫系统的防御能力（考德尔等，2002）。

© fotolia, ElinaManninen

第16章

可提升免疫能力的补充剂

大卫·尼曼

引言

　　体力活动会影响免疫系统的能力和增加感染某种病原体的风险，例如上呼吸道感染（URTI）。与适度身体活动相比，耐力运动员长期剧烈的运动会使身体多个器官的免疫力发生很多变化并增加URTI的风险。优秀的耐力运动员必须进行紧张的训练，以便在比赛中具有最出色的表现，因此他们是最主要的免疫营养的拥护者，需要促进免疫系统功能以应对生理压力。

重劳顿感对免疫力的影响

　　每次重劳顿感的急性发作会导致生理压力，以及暂时但在临床上又很重要的免疫力和主体病原体防御变化。从20世纪80年代开始就有研究指出，应激激素（例如皮质醇、肾上腺素）以及促炎性细胞因子和抗炎性细胞因子的循环水平上升到相对较高水平时，免疫系统就会反映运动员

> 流行病学和运动免疫学研究支持运动量会通过改变免疫功能而增加上呼吸道感染的风险。

正在经历的生理压力（尼曼，1997）。压力也会通过抑制某种免疫因素表示出来。

　　自然杀手细胞、T细胞和B细胞功能的各种层组、上呼吸道嗜中性粒细胞功能、唾液的免疫球蛋白A（IgA）浓度、粒细胞氧化迸发活动、皮肤迟发性过敏反应和主要组织相容性复合体（MHC）Ⅱ以及巨噬细胞的toll样受体表达，会至少在长期的剧烈耐力运动修复期间被压制几个小时。免疫系统和人体的多个器官（例如皮肤、上呼吸道黏膜组织、肺部、血液、肌肉和腹腔）就会发生免疫变化。

运动员的感染风险

　　很多研究表明，长时间剧烈运动后免疫功能的多个方面都会受到影响，这有可能成为引起微生物疾病的"开放时间窗"。在免疫力受损的"开放时间窗"期间（由于免疫测定

不一样，可以持续3~72小时），会滋生病毒和细菌，从而增加亚临床和临床感染的风险。一些流行病学研究表明，运动员参加马拉松和超级马拉松比赛事件和/或繁重训练就会增加URTI风险（尼曼，2000）。同样，这些流行病学和运动免疫学的研究认为，繁重的运动会通过改变免疫功能来增加URTI的风险。

运动员的免疫营养支持

经测试，各种营养剂具有剧烈运动后减弱免疫变化以及降低生理压力和URTI风险的能力。这种策略与那些从手术和创伤后恢复的病人和高龄羸弱的老人提供的免疫营养支持相似。目前，适用于运动员的补充剂包括：锌、n-3多不饱和脂肪酸（n-3PUFAs）、植物甾醇、抗氧化剂（例如维生素E和维生素E、beta-胡萝卜素、N-乙烯半胱氨酸、叔丁基氰基茴香醚）、谷氨酸盐、牛初乳和碳水化合物（如表1所列）。在过去的15年，免疫营养支持是运动免疫学者的一个主要研究工作，但除了碳水化合物，其他方面的效果都令人失望（参见表1）。运动免疫学者已经开始研究益生菌和一种新的"高级补充剂"类别，包括槲皮黄酮、异槲皮素、表没食子儿茶素没食子酸酯（EGCG）、p-葡聚糖和其他植物多酚（尼曼，2008）。

表1 部分免疫营养补充剂的基本原理和发现

免疫营养补充剂	提议的基本原理	根据现有证据作出的推荐
n-3 PUFAs	运动后具有抗炎效果	不推荐，和安慰剂没有区别
维生素E	抑制运动引起的活性氧（ROS）并提高免疫力	不推荐，会促进氧化并带来重劳顿感
维生素C	抑制运动引起的活性氧（ROS）并提高免疫力，减少对运动的皮质醇反应	不推荐，与对碳水化合物的影响相比，对皮质醇的影响相对较小，免疫功能方面与安慰剂没有区别

© fotolia, arashamburg

续表

免疫营养补充剂	提议的基本原理	根据现有证据作出的推荐
谷氨酸盐	长时间运动中会降低的重要免疫细胞能量物质	不推荐，身体存储超过运动降低的效果
碳水化合物	保持运动中血糖，降低应激激素，从而抵制免疫功能失调	推荐。每小时摄入60克碳水化合物有助于抑制免疫炎症反应，但并不会抑制免疫功能失调的所有方面
p-葡聚糖	免疫细胞中发现的受体，从动物身上进行的研究数据表明，补充p-葡聚糖会增强天生的免疫功能并降低感染风险	不推荐，对运动员的研究显示p-葡聚糖没有任何效果
紫锥花	紫锥花是运动员热衷的一种中药萃取物补充剂。据说能通过对巨噬细胞的刺激作用提升免疫功能，也有一些体外证据证明这一点	不推荐。大范围的人体研究表明，紫锥花没有任何效果
益生菌	益生菌是一种活性微生物，口服几周后，肠胃中的有益菌数量就会上升。益生菌对肠胃健康和免疫功能调节有一些功效	推荐。人体研究表明益生菌能够增强后天免疫系统的某些方面并降低呼吸系统疾病和肠胃问题的发生率
槲皮黄酮	体外研究表明，槲皮黄酮具有强烈的抗炎、抗氧化和抗病效果。动物研究数据表明槲皮黄酮能够增加线粒体生物合成和耐力	推荐。人体研究表明能够在繁重训练期间明显降低生病概率并可温和刺激未经训练的受体的线粒体生物合成和耐力
含有EGCG的槲皮黄酮	黄酮类混合剂提升抗炎和抗氧化效果并增强免疫功能。黄酮类混合剂比槲皮黄酮更好一点	推荐。人体研究表明含有EGCG的槲皮黄酮具有较强的抗炎效果和温和的抗氧化效果，并能增强先天免疫力

碳水化合物：部分对策

在持久运动中饮用碳水化合物饮料（大约每小时饮用1升含量为6%的碳水化合物饮料，大部分运动饮料含有6%的碳水化合物）能够减缓血液嗜中性粒细胞和单核细胞的数量、应激激素和诸如1L-6、1L-10和1L-1ra等抗炎细胞性因子的增长，并能够防止淋巴细胞（例如对多种细胞有广泛的效应）生长的下降。但是对唾液IgA产出的减少和自然杀手细胞功能却没有效果（尼曼和毕晓普，2006）。因此，繁重运动中补充碳水化合物是治疗免疫功能失调一种部分有效的方式，对应激激素和严重的层组有效，但是对先天或适应性免疫系统衰退的效果却有限。

益生菌：对运动员有效的证据

最近，人们开始研究运动员口服益生菌的功效。有些研究表明口服益生菌有效（格里森，2008）。益生菌通常被称为好的细菌，是一种活性微生物。如果摄入充足的分量，会调节肠道菌群，例如有益菌数量的增长和有害细菌的整体数量的减少。益生菌具有很多与肠道健康相关的功效，并能通过与肠道相关的淋巴组织交互来调节免疫功能，从而对系统免疫功能带来积极影响。有些针对运动员的控制安慰剂的研究指出，每日摄入益生菌会降低呼吸道疾病的发生和降低URTI症状的严重程度［格里森和托马斯（Thomas），2008］。在一项研究中，认为这会导致整体血培养中多种细胞有广泛的显著增长，这可能是积极临床成果的基础机制（考克斯等，2008）。

高级营养补充剂

体外/细胞培养和动物研究指明将高级营养补充剂（例如葡聚糖、姜黄色素、槲皮黄酮、异槲皮素、EGCG和其他植物多酚）用于人体调查，以便确定它们是否为运动引起的免疫功能失调和URTI风险的有效对策。我们进一步假设免疫系统多种做样，碳水化合物饮料中的这些高级营养补充剂的混合物可能比单一的营养补充剂效果更好。最近，一些研究已经确认了这种方法（尼曼等，2009）。大部分的裨益可能来自主要针对非特异性的先天免疫系统的营养补充剂，以便实现多种病原体的免疫监视。

> 有些针对运动员的控制安慰剂研究指出，每日摄入益生菌会降低呼吸道疾病的发生并降低URTI症状的严重程度。

β-葡聚糖：针对老鼠而非人体的令人印象深刻的数据

β-葡聚糖是在燕麦和大麦谷物麸皮、面包酵母的细胞壁、某些真菌和很多蘑菇中发现的一种多糖。对啮齿动物、鱼类、家禽和猪的研究表明，口服β-葡聚糖能够刺激天生免疫防御和抗癌抗菌素反应，并增强对多种感染病的抵抗。对啮齿动物的研究表明，燕麦、β-葡聚糖补充剂能够通过加强巨噬细胞和嗜中性粒细胞的功能来抵消与运动压力相关的感染风险的增长。

在最近针对运动员的实验表明，这种补充剂的功效不是那么明显（尼曼等，2008）。我们对一些自行车运动员进行了一项双盲安慰剂对照研究。这些运动员连续两周在运动前、运动中和每隔3天摄入5.6克/天的燕麦β-葡聚糖或安慰剂饮料补充剂。在这3天中，受试者每天在57%的Wattsmax状态下骑3个小时的自行车。在为期两周的紧张运动后，这种燕麦β-葡聚糖并没有改变长期休息或运动导致的免疫功能变化或引发URTI疾病（尼曼等，2008）。这项研究让我们记住，一般在鼠类身上能发挥作用的营养补充剂在人类身体上没有类似的功效。

槲皮黄酮

由于其抗氧化、抗炎、抗病毒、保护心脏和抗癌功能，黄酮醇（例如槲皮黄酮）的生理影响会引起人们极大的兴趣。含有槲皮黄酮最多的食物包括洋葱、苹果、蓝莓、羽衣甘蓝、辣椒、茶和西兰花。由于研究样本和受体数量的不同，黄酮醇总摄入量（槲皮黄酮约占75%）从13到64毫克不等。人体从食物或补充剂中吸收大量的槲皮黄酮。但是槲皮黄酮的消退却很慢，有报告指出槲皮黄酮的半衰期是11~28小时。动物研究表明连续7天摄入槲皮黄酮会增强肌肉和大脑线粒体生物合成力、耐力以及流感病毒接种的存活率。

一项针对40名自行车运动员的双盲安慰剂对照研究表明，连续3周每天摄入1000毫克槲皮黄酮能够显著提高血浆槲皮黄酮水平，并在3天剧烈运动后的两周时间内减少患上URTI疾病的风险（尼曼等，2007）（参见图1）。但是免疫功能失调、发炎、氧化应激没有发生变化。这意味着槲皮黄酮具有直接的抗病毒功效，至少是在实验范围内具有该功效。经过训练的自行车运动员在连续3周摄入槲皮黄酮补充剂后，他们的线粒体生物合成也没有增加。但是，后续针对未经受训的受试者的研究表明，他们的耐力和mtDNA有显著增长，但是并未完全达到喂养了槲皮黄酮的鼠类所达到的程度。

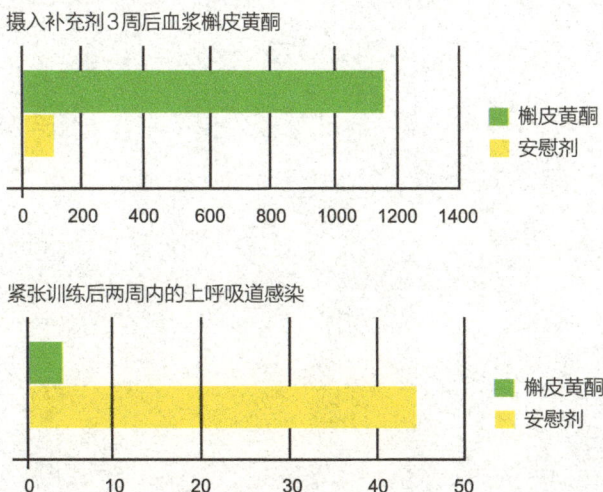

摄入补充剂3周后血浆槲皮黄酮

■ 槲皮黄酮
■ 安慰剂

0　200　400　600　800　1000　1200　1400

紧张训练后两周内的上呼吸道感染

■ 槲皮黄酮
■ 安慰剂

0　10　20　30　40　50

图1　在为期3天过度训练和摄入槲皮黄酮（1 000毫克/天）或安慰剂（9）后，两周内运动员的血浆槲皮黄酮水平（P<0.001）和上呼吸道感染（URTI）率（P=0.004）

更多证据表明，与其他黄酮类和食物成分一起摄入槲皮黄酮能够增强槲皮黄酮的生物利用度和生物活性效果。这包括茶叶中含有的黄酮类EGCG、洋葱和其他食物中含有的一种糖基化的槲皮黄酮——异槲皮素、n-3多不饱和脂肪酸（n-3-PUFAs），例如二十碳

> 这些数据进一步放大了当其他黄酮类、食物成分和微量元素以补充剂的形式出现时，槲皮黄酮所具有抗炎和抗氧化的功效。

五烯酸（EPA）和二十二碳六烯酸（DHA）以及维C和盐酸等营养物质。一项针对39名训练有素的自行车运动员的研究表明，含有EGCG、异槲皮素和n-3-PUFA的槲皮黄素补充剂比单一的槲皮黄素补充剂更有功效，特别是抵抗运动引起的炎症和氧化压力时（尼曼等，2007）。这些数据进一步放大了当其他黄酮类、食物成分和微量元素以补充剂的形式出现时，槲皮黄酮具有抗炎和抗氧化的功效。

小结

耐力运动员必须进行艰苦训练才能赢得比赛。虽然他们有生理压力，但他们对保持免疫系统强健和避免疾病的策略非常感兴趣。最终的目的是为运动员提供一种含有碳水化合物和多种高级补充剂混合物的运动饮料，从而降低感染风险、显著影响运动员的天生免疫系统，并减小由于运动引起的氧化压力和炎症。运动员可以将这一策略与益生菌补充剂一起使用，这可能会对后天免疫系统有裨益、减少感染和降低上呼吸道症状的严重性，并减少肠胃不适的情况。

第17章

女性运动营养学

布伦·特鲁比

简介

男人和女人有什么不同？在谷歌（Google）的关键字中快速搜索这一问题，就会得到3.19亿条结果。关于在"能量新陈代谢"方面如何区分性别的问题，只搜到大约1/2的结果。但网络上关于性别如何相似却有本质区别的观点却很混杂，大部分观点都停留在心理、工作场所、政治、学习模式和社会关注等方面的性别不同之处。但关注点的数目还在继续增加。

在2005年出版的名为《为什么男人从不记得，女人从未忘记》一书中，玛丽安·李加图（Marianne Legato）认识到性别不同之处的关键要素。

"换句话说，我们的基因决定我们的性别，激素是关键要素。这两种因素的交互作用，特别是这两种因素在青春期和更年期急剧下降或上升时，使得两性有区别，也使得我们每个人与他人不同。"

这个讨论的焦点包括能量新陈代谢的特点。这些特点是可以被这种关键因素以及这些因素在人生的不同阶段是如何占据优势或被压制而改变的。其他的注意力直接放在一些关于肌肉能量使用的测量、特定性别的新陈代谢模式的生物意义、肌肉锻炼和恢复期间的食物能量，以及如何将其过渡到实验室以外事情上的方法论上。既然现在大部分的研究针对的是男性，那么我们的主要问题是给女性提出的建议是否应该区别于我们给男性提出的建议？

解剖学、生理学和研究设计

基本的解剖学揭示了源于生物学意义和功能的独特性别特征。但是，性别对基础生理学的影响在选择、调动和后续运动中的肌肉能量氧化过程中提供了更多细胞层面上的细微差别。虽然图1中的数据表示相对较小的样本规模（n=5位男性，n=8位女性），但这也说明两种性别在中等强度（65% VO_2峰值）的训练中，骨骼肌使用的主要物质的相对贡献。男性和女性都强烈依赖肌肉的能量和血浆中的游离脂肪酸（FFA）。

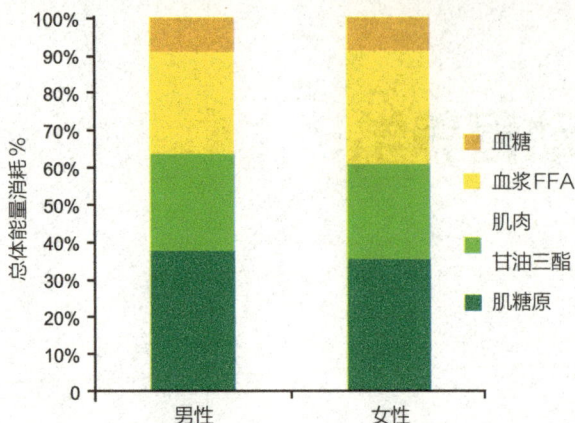

图1 外生的肌肉物质在65% VO$_2$峰值进行氧化的预估促进因素。数据来源于罗梅恩（Romijn）等（1993，2000）。相关数据来源于间接测热法和稳定的同位素注入 [（6，6 ^{2}H$_2$）] 葡糖糖和（^{2}H$_2$）棕榈酸酯

这些数据表明，与训练和饮食状态的主要效果相比，单一的性别特性通过各种机制对肌肉物质的控制效果就没有那么好。这些能量组合和这些能量在各种强度和时长的训练中为肌肉锻炼提供了一系列无限的新陈代谢选择。通过引入外生的能量来源可以进一步影响和改变能量组合，这些外生的能量来源能够在增加工作量和运动设置的时候提供一大部分肌肉物质。

最近大多数性别比较研究评估了快速状态下的类似受训或完全匹配的对象（基于一系列与当前健康水平和训练/比的历史相关标准）。在最近的一个评论文档中，塔诺波斯基使用元分析对比了来自25份研究的数据并指出女性的RER（指相对较高的脂肪用于整体的能量消耗）比男性的RER要低（女性为0.87，男性为0.90）。这些数据形成了很多运动原理（运动时长超过60分钟）和方法以供受试者选择。从这些数据中我们可以看出，与男性相比，女性在中等强度下的脂肪氧化程度更高。但是，从生物学和/或运动性能/运动职业角度来看，其潜在意义尚不清晰。

我们还可以从调查儿童和青少年新陈代谢差异的文献中获取一些额外的观点。蒂蒙斯（Timmons）等（2007）已经指出与年长的女孩（14岁）相比，年轻女孩（12岁）的脂肪氧化速度更快。但这如何有助于解释年轻的成年人（18岁）和更成熟的耐力运动员（25~35岁）的性别差异尚不清楚。但是，为了应对常规运动训练的艰辛，强烈影响女性特征的再生激素会随能量摄入和能量平衡而跌宕起伏。从生物学的角度来看，保存精选的内源性机制和改变基质使用概况能够提供优势来进行胎儿发育，从而成功怀孕。

> 我们可以看出，与男性相比，女性在中等强度下的脂肪氧化程度更高。

运动中是否进食

有人建议，因为女性在90分钟的中等强度运动中不怎么依赖肌糖原（塔诺波斯基，1990），她们可能更擅长耐力和超耐力赛事。然而，想要在这些赛事中发挥出色，摄入食物时必须十分小心。因此，目前我们还不清楚在更长的赛事中略高的脂肪氧化率是否会具有明显的优势，因为在更长的赛事中必须要摄入饮食才能完成赛事。

沃利斯（Wallis）等（2006）在摄入和未摄入碳水化合物的情况下，评估了同样训练有素的男性和女性在2小时的连续循环锻炼（67% VO_2峰值）的代谢反应。在这项实验中，受试者定期摄入同等剂量的CHO或水。训练过程中，受试者以每小时90克的速度摄入碳水化合物。这些摄入的CHO增加了男性和女性的CHO氧化并达到相同的氧化峰值（大约0.6克/分钟）。整体而言，这些数据表明，虽然摄入碳水化合物会抑制内在能量的使用（肝糖原和整体身体脂肪），但两性之间的反应是相同的（参见图2）。此外，这些数据与M' Kaouar（迈考乌尔）等（2004）和里德尔（Riddell）等（2003）的数据是一样的。这说明男性和女性在更长的运动/赛事中能够从相同的外部饮食计划中获得同样的收益。

虽然建议男性和女性使用同样的摄入模式的想法简化了计算，但是也不能忽略个体情况和错误。如果一位体重72千克的男性每小时摄入60克碳水化合物，大约是每小时0.8克/千克体重。这相当于一位体重55千克的女性每小时摄入1.1克/千克体重。这种剂量的差异可能导致体重较轻的女性出现严重的胃肠不适。但是，也不能忽略GI系统经过训练来忍受和接受所摄入的CHO。

> 看上去，女性和男性对碳水化合物食物的反应一样。因此，针对男性和女性的建议应该没有任何区别。

由于这与最大限度提高所摄入的CHO氧化速率相关，所以需要我们更多地将精力集中在这一方面。这在更长的肌肉训练中尤为正确，因为在这一过程中摄入的碳水化合物要为总体的CHO氧化提供近乎100%CHO能量。

我们实验室进行了一项10小时间歇运动训练［哈格尔-德米特维奇（Harger-Domitrovich）等，2007］，男性（n=7）和女性（n=6）摄入CHO或安慰剂。在安慰剂实验中，净肌糖原使用率上升52%。但是两性之间没有差异（参见图3）。在这些条件下（延长运动），摄入的CHO占据了整体CHO氧化的很大部分，并减少了两性对摄入的CHO来源的要求。

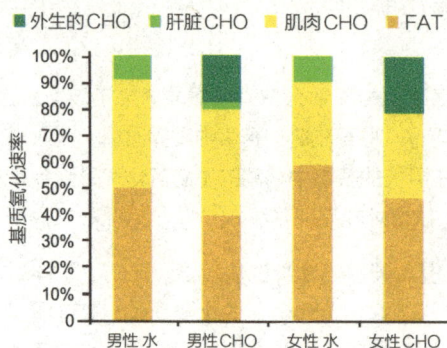

图2　运动中内在和外在基质氧化的促进因素，来自沃利斯等（2006）

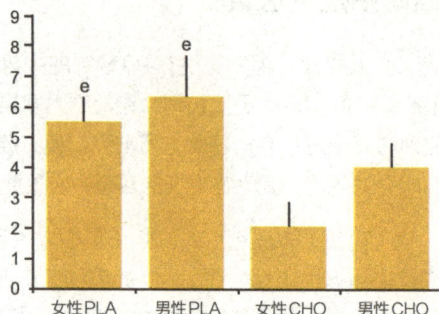

图3　两项运动实验的肌糖原分解。e=p<0.05 vs．男性和女性的CHO实验，实验的主要效果，来自哈格尔-德米特维奇（2007）

糖原存储和恢复

虽然过去的数据表明，男性和女性以相同的速度摄入CHO会获得相同的裨益，但男性能够更好地通过CHO存储来准备耐力比赛。塔诺波斯基等（1995）指出女性难以通过传统方式存储CHO来增加肌糖原。相反，如果CHO的摄入速度大于每日8.0克/千克体重，糖原可以提前存储到女性的肌肉中。但这种方法对女性不是很实用，因为较多的CHO摄入需要更高的补充（通常大于70%的整体能量摄入）。这些数据对于在运动/赛事期间最大限度提高系统承受外在CHO的能力有很重要的意义。

为了应对糖原消耗运动，塔诺波斯基等（1997）指出男性和女性通过CHO或CHO-蛋白质加强糖原恢复的能力彼此一样。在当天晚些时候或接下来进行其他训练/比赛的时候，就可以向男性和女性推荐这种早期的恢复方法。

典型实验室以外的性别比较

总之，研究指出男性和女性在选择和氧化肌肉基质时，实验室应具备一定的实验环境。这些发现对于理解性激素对发展和再生的基本生理学意义很有必要。但是，过渡到实验室以外的时候，与所需的饮食和环境变化来维持训练中的肌肉状态相比，这些快速状态下的细小性别差异和性激素发挥的独特控制的影响力在下降。在这些条件下，性别被放在一边，环境决定所要采取的应对措施。

在2005/2006韩国和夏威夷举行的铁人三项世界锦标赛和在2007西方国家100超级马拉松比赛中，我们的实验室量化了比赛选手（喝了两倍水）的整体能量消耗（TEE）。在韩国，TEE是9.253，两位男性受试者的能量消耗是9 920千卡，两位女性受试者的能量消耗是8 238千卡。从总体重而言，与男性（119和122千卡/千克）相比，女性的TEE数值（135千卡/千克）相对较高。对于一场持续10小时的比赛，假设平均每小时摄入60克碳水化合物，整体的能量摄入可能是25%~30%的TEE。

> 在更广泛的运动条件下进行比较时，新陈代谢的细微差别就没有了，男性和女性之间的差异很有限。

同样，在西方国家100超级马拉松比赛中，研究者评估了女性和男性的TEE和周转水量，虽然与女性（61.5±7.7千克）相比，男性体重更重（78.4±8.0千克），但他们完成比赛的时间（26.4±2.9小时和27.1±3.7小时）或总体能量消耗（男性为221±23千卡/千克体重，女性为228±23千卡/千克体重）没有区别。两性的周转水量也几乎一样（男性为254±37毫升/千克体重，女性为259±49毫升/千克体重）。

结论

实验室数据表明，与进行同样训练的男性相比，女性整体脂肪的氧化速度更快。大部分的差异在于17-p雌二醇及其对人体骨骼肌mRNA的影响。这些细微的变化会影响脂肪、CHO和蛋白质新陈代谢，以便确保特定性别的新陈代谢。这种新陈代谢能够维持生物学重要性，以便确保有一个理想的生殖健康活跃环境。这些细小变化对肌肉训练或耐力比赛有多大影响还不明确。但是，看起来外生的CHO对男性和女性的基质氧化功效是一样的。此外，在更广泛的运动条件下进行比较时，新陈代谢的细微差别就没有了，男性和女性之间的差异就很有限。因此，没有理由相信给女性的营养建议应该与男性的营养建议有所不同。

© fotolia, Erasmus Wolff

表1

营养干预	速率	生理反应	裨益
无	——	女性具有较高的脂肪氧化速度	？
摄入外在的CHO	1~1.5克/分钟*	最大化CHO可用度 保存外在CHO（肝脏和肌肉？）	能量输出增加，输出时间增长
恢复中摄入CHO	运动后，1克/千克/小时CHO	糖原再合成能力增强	为下次运动/比赛进行更好恢复

*摄入碳水化合物混合物时，例如葡萄糖＋果糖，我们建议以1.5克/分钟的速度摄入碳水化合物。

第 18 章

营养、大脑和长时间运动

罗曼・缪森和菲利普・沃森

大脑（中枢神经系统，CNS）是制定决策和向肌肉发出信号以便进行运动的"驾驶舱"。通常大脑是"中央"，肌肉是"外围"。大脑和外围一直进行交流。外围通知大脑其新陈代谢需求，大脑通过对能量摄入、能量消耗和能量存储路径的控制（躯体的、自治的和神经体液的），满足外围这些需求。

大脑中完整出现的事情会影响个体的疲劳感，因此可能影响运动成绩。这使得我们有机会通过改变含有特定营养物质的食物或补充剂来管理中枢神经系统，包括氨基酸（支链氨基酸和酪氨酸）、碳水化合物和咖啡因。表 1 中列出了一些可能会在长时间运动中影响运动表现的营养补充剂。

> 大脑（中枢神经系统，CNS）是制定决策和向肌肉发出信号以便进行运动的"驾驶舱"。

最初的中枢疲劳假设

大脑和外围在休息和长时间运动中都会一直互动。所以人们假设大脑和外围的交流紊乱会造成疲劳。由于神经传导物质前体细胞供养发生变化，神经传导物质的信号传递也会发生变化，从而导致这种交流发生紊乱。最初的中枢疲劳假设指出，在运动中物质（CHO、脂肪）的新陈代谢直接影响大脑中神经传导物质的血清素（也叫作 5-HT）的产生。血清素与疲劳有关系，因为大家都知道其对睡眠、昏睡和失去动力的影响。由于运动引起的大脑某些区域的细胞外血清素浓度的增加会导致长时间运动中的疲劳感。一些营养学和药理学研究试图管理运动中中枢血清素的活动，但是还没有强有力的证据表明血清素是导致疲劳的重要因素。

营养和中枢疲劳

我们假设如果减少大脑中血清素的产生，疲惫感就会减弱，而运动表现就会提高。人们建议支链氨基酸（BCAA）补充剂可以作为一种限制中枢疲惫的可行策略。BCAA 与血清素（色氨酸）的前体细胞进行竞争，以便穿过血脑屏障传送物质。如果更多的 BCAA 用来进行循环，那么更多的物质就可以穿过血脑屏障，从而减少色氨酸。这意味着由于

BCAA增加，大脑中的色氨酸减少，形成的血清素就会减少，最终会降低疲劳感。虽然这是一个十分具有吸引力的理论，但只有有限或者一些旁证能够说明，通过BCAA补充剂的营养管理能够改变运动表现。虽然有证据表明摄入BCAA可影响认知能力和大脑表现，但一些控制良好的实验研究不能证明BCAA对运动能力或表现有积极的影响（缪森和沃森，2007）。

> 虽然最初的中枢疲劳假设是一个十分具有吸引力的理论，但只有有限或者一些旁证能够说明通过BCAA补充剂的营养管理能够改变运动表现。

© fotolia, Tyler Olson

咖啡因

一直以来，咖啡因被认为是一种强化剂。它是处于营养补充剂和毒品之间灰色地带的一种物质。有一段时间禁止运动员使用咖啡因。但从2004年1月开始，咖啡因被移除禁药的名单，进入监控名单。有研究表明，咖啡因都能够在短到2~3分钟的运动和长时间运动中提升运动表现。虽然一开始人们倾向新陈代谢的解释，但是现在有证据表明由于咖啡因对CNS的刺激作用，咖啡因的功效已经完全被接受。作为一种腺苷拮抗剂，咖啡因主要阻止大脑中的腺苷活动。由于腺苷抑制兴奋的神经活动，咖啡因可以减少腺苷活动，从而加强神经活动。

在需要以70%~80%最大氧化量的情况下进行运动的赛事中，咖啡因非常重要。同时咖啡因也会对警觉、制定决策和其他认知功能产生显著影响。有证据表明，相对较小剂量（2~3毫克/千克体重）的咖啡因就会发挥其功效。咖啡因的摄入剂量在5毫克/千克体重时，其功效就会保持平稳。因此，我们不建议摄入非常大剂量的咖啡因。考虑到咖啡因已被广泛使用，在使用咖啡因补充剂来提升运动表现时，个人平常的摄入水平是我们需要考虑的重要因素。有些人不习惯咖啡因，咖啡因会带来一些副作用，比如心动过速和心悸、紧张、头晕和肠胃问题，这些都不利于运动表现。看起来咖啡因的积极（和可能存

> 在需要以70%~80%最大氧化量的情况下进行运动的赛事中，咖啡因非常重要。同时咖啡因也会对警觉、制定决策和其他认知功能产生显著影响。

在的消极）影响极具个体差异。因此，想要在比赛中使用咖啡因补充剂，提前进行实验以便确定咖啡因的摄入剂量和摄入时间是非常重要的一件事。

碳水化合物

另外一个影响中枢疲劳产生的营养策略是碳水化合物（CHO）的摄入。摄入CHO能够抑制脂类的分解、降低血浆脂肪酸的循环浓度，从而限制由于运动引起的自由色氨酸的增加。最近的研究工作表明，虽然还不能排除CHO摄入的次要作用，但是在运动时摄入CHO会减少色氨酸在大脑中的数量，同时阻止低血糖症的发生。在长时间运动中食用CHO补充剂有利于增加（或维持）大脑的物质递送。很多研究表明低血糖症影响大脑功能和认知表现。葡萄糖是大脑的唯一燃料，所以如果葡萄糖减少，那么大脑功能必然受到损害。

> 除了碳水化合物的新陈代谢效果，特别是在长时间运动中，碳水化合物对大脑也有效果，能够在持续大约1小时的运动中提升运动表现。

有证据表明在大约60分钟的赛事中摄入碳水化合物能够提升运动表现，虽然据估计在此期间给予肌肉的葡糖糖的预估含量非常低（约肯德鲁普等，1997）。同一个研究团队在一个计时赛中，在增加碳水化合物的情况下摄入葡萄糖来研究其对运动表现的影响。但是该研究团队并没有发现葡萄糖摄入对计时赛表现有什么裨益（卡特等，2004a），这就使得该研究团队提出一个加强的替换机制，以激活口中CHO受体为中心的CHO机能增进效果。卡特等（2004b）指出，在运动前和运动中嘴部周围的麦芽糖糊精溶液增加会提升3%（PLA为61.37分钟；CHO为59.57分钟）的运动表现。在该方案中并不摄入任何溶液。这意味着通过口腔内的受体和大脑之间的直接交流就能提升运动表现。这种观点也被调查那些摄入葡糖糖药丸后大脑活动的研究工作所支持（刘等，2000）。研究也证明，在更多地饮用CHO溶液后，一些大脑区域也被激活［钱伯斯（Chambers）等，2009］。这些研究强调了在摄入CHO后大脑激活立即出现显著增长，摄入CHO约10分钟后，大概是在物质进入循环时，大脑激活又出现第二次显著增长。这些发现极具新颖性，并且也说明了一种有趣的活动机制。关于口腔内CHO受体的后续研究也当然得到了保证。

其他中枢机制

大脑活动依赖神经传导物质。但值得说明的是，大脑功能不会由单一的神经传导物质系统决定。我们也研究了在长时间运动中大脑血清素和多巴胺的交互作用对疲劳的管理作用。修正的中枢疲劳假说建议，血清素和多巴胺的中枢比率上

> 尽管有很好的理由来使用酪氨酸，但是有关酪氨酸补充剂在长时间运动中的技能增进裨益证据还很有限。

升会导致疲劳和嗜睡感，加快产生疲劳感。如果两者的比率下降，运动员就会具有积极性并保持觉醒，从而提升运动表现。关于多巴胺对疲劳产生的令人信服的证据，来自于对管理中枢儿茶酚胺释放的药品的生理反应的调查工作［罗伊兰（Roelands）等，2008；沃森等，2005］。

增加儿茶酚胺含量后神经传递会有一种觉醒、积极和奖赏感，从而提升运动表现。与血清素的作用方式类似，大脑中的多巴胺和去肾上腺素合成与非必需氨基酸的传递有关，但是产生速度也受到含有儿茶酚的神经元活动的限制。酪氨酸的口服剂量会增加CNS和边缘的肾上腺素、去肾上腺素和多巴胺的循环浓度。这些因素积极参与到体能要求高和运动期间的身体功能管理工作。酪氨酸看上去能阻止各方面的认知表现，以及与在军事情况中遇到的压力相关的情绪下降［利伯曼（Lieberman），2003］。有证据表明当志愿者处于寒冷和高海拔环境时，他们的警觉、选择反应时间、模式认知、编码和复杂活动（例如文图自通的阅读）能够通过酪氨酸管理得到提升。但是对于运动员的功效尚不明确。尽管有很好的理由来使用酪氨酸，但是有关酪氨酸补充剂在长时间运动中的技能增进裨益证据还很有限（缪森和沃森，2007）。值得注意的是，由于交感神经系统活动的长期改变，定期服用大剂量的酪氨酸（5~10克）可能会对身体造成伤害。

表1　　　　作用于中枢神经系统的补充剂的功效

补充剂	用于研究的剂量	对大脑的作用	是否影响运动表现
支链氨基酸（BCAA）	5~20克	减少大脑血清素产生	• 证据相对较少 • 一些研究证明有作用，但是大部分研究证明没有作用 • 可能在运动中减少疲劳感、提升脑力表现
咖啡因	2~10毫克/千克体重	降低大脑中腺苷的作用	• 在持续时间超过几分钟的赛事中的运动表现可以通过咖啡因得到加强 • 改变情绪、提高警觉、缩短反应时间 • 对咖啡因的敏感度存在较高的个体差异
碳水化合物（CHO）	30~90克/小时	为大脑增加能量。影响神经传递和大脑的新陈代谢	• 有证据表明在大多数情况下会对运动表现有裨益 • 可能是由于对CNS的影响造成部分技能提高功效
酪氨酸	5~10克	促进大脑多巴胺和去肾上腺素的产生	• 几乎没有研究调查多巴胺对运动表现的作用，但是有研究发现多巴胺对身体活动能量没有功效

有证据表明对情绪、记忆力和认知功能有裨益。

结论

　　疲劳是一种复杂且多面的现象。最初的中枢疲劳假说最引人注目的地方是：神经递质前提细胞的营养管理有可能推迟中枢疲劳并提升运动表现。但是一些研究发现，氨基酸补充剂（BCAA和酪氨酸）对很多运动表现没有任何功效。有确切的证据表明碳水化合物和咖啡因可以在很多运动情况下提升运动表现。最近的研究表明CNS在这些反应中发挥了重要作用。

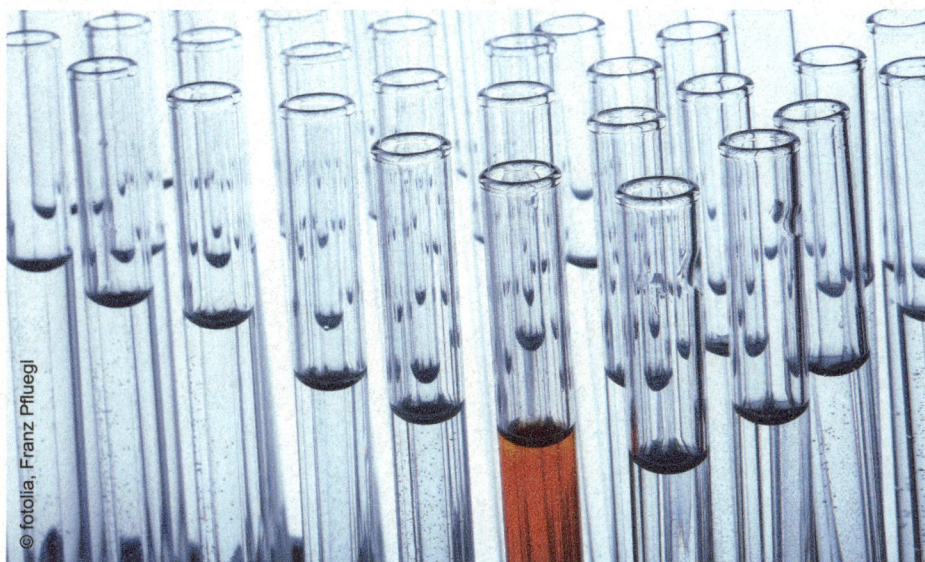

© fotolia, Franz Pfluegl

使用补充剂影响中枢疲劳产生时的注意事项

- 这是运动生理学相对较新的研究领域，我们对这些补充剂功效的了解尚有很多不足之处。
- 当前，只有咖啡因和碳水化合物一直在长时间运动中对运动表现有裨益。
- 这也不是说氨基酸没有用。有些证据表明氨基酸对脑力疲劳和认证功能的多个方面有积极作用。在需要控制技巧和/或快速做出决策的运动中，也证明氨基酸颇有裨益。
- 每个人都不尽相同。每个人对这些补充剂的反应也不一样。这一点在使用咖啡因补充剂时特别明显。对有些人而言，较小剂量的咖啡因就会有显著功效。但是对一些人而言，即便服用较大剂量的咖啡因，也没有明显的功效。基于这个理由，我们建议这些补充剂应该先用于训练，然后再用于比赛。
- 有些补充剂生产商基于早前研究的结果，推出一些含有声称能够推迟"脑力疲劳"

　　成分（例如BCAA）的产品。通常情况下，没有确切的证据表明补充剂中含有这些成分，而且补充剂中这些成分的含量很低（几百毫克）。

- 使用饮食补充剂来影响中枢神经系统可能会对健康造成伤害。其中一种是麻黄属植物。麻黄属植物存在于一些中药补充剂中，且广泛用于很多运动。麻黄属植物是一种兴奋剂，能够增加大脑中多巴胺的含量。一些死亡情况（由运动过程中的热病引起的）与这种补充剂有直接或间接的关系。根据WADA条例，麻黄属植物补充剂的使用会使尿检结果呈阳性。

第19章

体重管理

阿斯克·约肯德鲁普

体重减轻还是体重增加

对于想要增加体重（肌肉质量）和减轻体重（身体脂肪）的运动员来说，体重管理是运动营养学的一个重要问题。本章将重点讨论体重减轻。关于体重增加的问题已经在第9章中有所提及。有时候体重减轻是一个优势，因为它会增加功重比（例如跳高需要的功重比）或减少承担人体体重所需的能量（例如跑步所需的能量）。最后，有些人为了好看而想要减轻体重。体重减轻并不总是一个好的想法，也会对运动表现造成负面影响。

> 应该由运动员、教练和运动营养专家共同决定体重减轻目标。

着手之处

任何体重减轻项目的第一步是确定体重减轻目标。我们应该仔细考虑并确定体重减轻目标。是否真的想要减轻体重？有些情况下，减轻体重会带来裨益。但在有些情况下，减轻体重弊大于利。减轻体重是否为一个好的主意取决于身体脂肪比例。虽然存在个体差异，但是我们不建议男性的身体脂肪比例低于5%，女性的身体脂肪比例低于12%~14%。脂肪具有重要的身体功能。如果脂肪水平过低，会影响身体功能。同时，我们指定体重减轻目标的时候，在脑子里应该有个时间表。需要减少多少体重以及花费多长时间来实现这一目标？实际上，应该是每两周减轻1千克体重。所以，想要减轻3千克体重，至少需要6周。过快地减轻体重就不能进行充分的训练。应该由运动员、教练和运动营养专家共同决定体重减轻目标。

方法

能量摄入与能量消耗相等时，能量就保持平衡。如果摄入的能量小于燃烧的能量，就处于负能量平衡阶段，这样就会减轻体重。如果摄入的能量大于燃烧的能量，那么就处于正能量平衡阶段，这样就会增加体重。想要减轻体重，需要处于负能量平衡阶段。有3种方式可以导致负能量平衡：

    1. 减少能量摄入。

    2. 增加能量消耗。

    3. 结合上述两种方式。

通过减少能量摄入来减轻体重

虽然饮食中的大量营养素也能发挥作用，但减少能量摄入是最重要的一个要素。这就形成了我们通常引用的一句话"卡路里不是热量"。流行病学研究已经表明，能量限制和低脂饮食都会导致体重减轻。通常情况下，能量限制比随意的低脂饮食更能减少能量摄入。高蛋白质饮食也被证明具有减轻体重的功效（参见下一章）。

> 不仅能量摄入很重要，饮食中的大量营养素成分也发挥着作用。

虽然研究表明从长远来看两种饮食都能发挥功效，但是在初始阶段，能量限制可能会减轻更多的体重。由于以下原因，减少饮食中脂肪的摄入是减少能量摄入和促进体重减轻的一种非常有效的方式。

- 脂肪是能量特别密集型的物质。与同等质量的碳水化合物或蛋白质相比，脂肪含有的能量是它们的两倍。

- 通常来说，脂肪含量较高的食物味道不错，这就使得人们吃得更多。研究表明增加饮食中的脂肪含量会让人们不自觉地就摄入更多的食物。

- 大量的证据表明，蛋白质或碳水化合物比脂肪更易于有饱腹感（参见第20章）。

- 脂肪可以有效地进行存储，而且只需消耗很少的能量就能消化。

- 摄入脂肪不会立即增加脂肪氧化。

- 增加蛋白质摄入也有效果，因为蛋白质有助于保持肌肉质量（参见第20章）和增加饱腹感。但是，如果需要维持运动员的运动能力，应避免摄入特别少的碳水化合物。什么是特别少的碳水化合物，这取决于运动类型、训练类型、训练时长和训练强度。在这些情况中仔细监控疲劳症状也变得很重要。可以用来监控疲劳和防止过分训练（参见第28章，调查问卷样例）。

通过增加能量消耗来减轻体重

大部分运动员的训练课程都有增加能量消耗的特定目标。他们进行高强度训练来显著增加能量消耗。但是在一些运动中，这通常会与教练发生冲突。例如在通常情况下，那些参加爆发性赛事的运动员的教练不愿意在其训练项目中囊括有氧运动。运动员可能也难以在不影响正常训练后的恢复的情况下抽出更多时间来进行运动。但总之可以通过增加能量消耗来减轻体重。那么重要的问题就是：最好的运动类型是什么？最好的运动强度是什么？最好的运动时长是什么？我们很难回答这些问题。关于不同训练强度所带来的效果的研究也是模棱两可。研究表明，徒步和跑步的脂肪氧化率最高（参见第 6 章），但它们是不是也会减轻更多的体重。关于这一点，人们还有很多疑问。但是看起来明确的是，长时间中等强度的运动所消耗的能量最多。

但是，有些人认为运动后能量消耗会增多，而且这期间消耗的能量比运动本身消耗的能量更多。研究已经证实，运动后即刻 EPOC（运动后耗氧量）就会提高，虽然这只发生在长时间剧烈运动后。即使存在这种情况，运动后静息代谢率（RMR）的增加看起来也只是暂时的，而且增加的幅度相对较小。几个小时后，RMR 会回到基线值。虽然有研究指出静息代谢率会增加，但是关于长期增加静息代谢率的建议已经被驳回。有其他研究已经证明训练后静息代谢率会下降。

混合法

　　将增加能量消耗和减少能量摄入相结合看起来是一种长期减轻体重的最佳方式。此外，为了减少身体脂肪，应该处在负能量平衡和负脂肪平衡状态。也就是说减少脂肪摄入，但是在训练课程中包含有氧运动，是另一种达到负脂肪平衡的方式。

其他注意事项

　　市场上有很多补充剂宣称能够促进脂肪新陈代谢并有助于减轻体重。但是，与营养摄入管理相比，这些补充剂要么没有任何证据，要么具有很低的功效。有些补充剂，例如咖啡因，可能会增加能量消耗，但是这种效果很小而且不明显，特别是与通过运动和减少脂肪摄入而增加能量消耗相比。

　　过去运动员尝试的另一种方法是不吃早饭，甚至有时候不吃午饭。我们不建议这种方式，因

在初始阶段，体重下降比较快，这主要是因为糖原存储下降导致水分流失。而身体脂肪的减少却相对较慢。

为这种方式会在当天的晚些时候增加饥饿感。吃一顿大餐，减少的能量又补充上来了。

在减轻体重时，也存在减轻肌肉质量的风险。但是，这可以通过消耗相对较多的碳水化合物来部分防止这个问题。由于在能量摄入减少的情况下难以进行艰苦训练，所以我们建议在非赛季的时候减轻体重。

最后，通常通过节食来减轻体重也会造成身体水分流失。但是，脱水或流失太多水分也会损害运动表现。最后，所有运动员都应该考虑蓄意减轻体重的利弊，并注意无意识的体重减轻，因为这可能是表示更严重潜在问题的信号。

能量密度

饮食中的能量密度在体重管理中发挥着重要作用。有趣的是，很多研究表明受试者倾向吃相同质量的食物，而不考虑食物中的大量营养素成分。因为500克主要包含碳水化合物的食物明显比500克富含脂肪的食物含有的能量少。此外，视觉效果可能有助于阻止摄入太多的碳水化合物，因为碳水化合物的体积较大，但是在摄入少量的高能量且富含脂肪的食物时就没有这种视觉效果。

> 很多研究表明受试者倾向吃相同重量的食物，而不考虑食物中的大量营养素成分。

在一系列严谨的研究中，斯塔布斯（Stubbs）等（1995ab，1996）指出当受试者随意食用含有20%、40%或60%脂肪的饮食时，他们食用的食物质量是一样的。因为，由于能量密度不一样，脂肪含量越高的食物，含有的能量就越高（体重就会增加）。这种现象也发生在受控的实验室环境和自由的生存环境。饮食中的脂肪含量改变后，能量密度保持不变，受试者依旧食用等量的食物，但是这次能量摄入取决于食物中的脂肪含量。

试图减轻体重时，要改变饮食结构，避免能量密集的食物，包含更多大块、能量密度低的食物，可能是成功减轻体重的一个关键要素。

结论

我们可以通过减少能量摄入，增加能量消耗或者同时采用这两种方法来减轻体重。运动员、教练和营养学专家应该仔细规划体重减轻计划。体重减轻目标应该切合实际并易于完成。减轻体重没有捷径，也没有确切的证据表明使用营养补充剂能显著减轻体重。因此，运动员应该平衡能量摄入和能量消耗，关注食物的大量营养素成分和能量密度。对于想要在训练过程中减肥的运动员而言，需要特别注意修复，并且运动后摄入碳水化合物会发挥更大的作用。

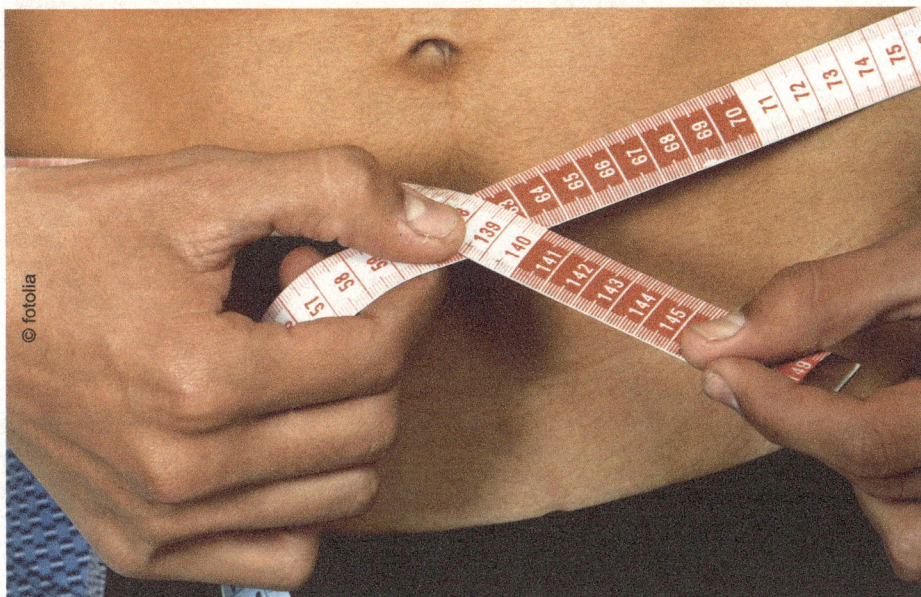

表1　　　　　　　　　　　　　　　**体重减轻技巧**

- 在运动营养学专家的帮助下确定一个实际的目标体重/目标。

- 每周的体重下降不能超过半千克，每天的能量摄入应该至少在500~750千卡。

- 多吃水果和蔬菜。

- 试着选择低脂零食。

- 研究食品标签并尝试寻找高脂食物的替代品。不要只看每种食物的脂肪含量，也要关注食物的能量。

- 限制脂肪附属物，例如调味酱、酸奶油和高脂生菜食品的调味汁，或选择这些食物的低脂版本。

- 试着将饮食分成5~6次吃完。

- 避免吃很多食物。

- 确保摄入很多碳水化合物，且训练后立即摄入碳水化合物。

- 减少脂肪的摄入量，稍微增加蛋白质的摄入量。

- 增加有氧训练量以便促进脂肪代谢。理想状态下，每天应该在正常训练强度下至少训练1小时。训练强度不应该太大。

- 能量限制期间，多种维他命和矿物质补充剂也许有用。应该听取营养工作者或营养学家的建议。

- 每天称重，定期测量身体脂肪含量（每两个月）。记录变化。

其中的许多指导方针需要专门的营养学知识，因此我们鼓励运动员听取合格的登记在册的营养学家的建议。

第20章

蛋白质和体重减轻

塞缪尔·梅特勒和凯文·蒂普顿

对很多人来说（包括运动员），体重控制是重要的问题。运动员可能为了好看或者为了获得更好的功重比，以便提升运动表现而减轻体重。总之，在一段充足的时间内保持负能量平衡就能减轻体重（参见第19章）。因此，需要通过饮食能量限制来减少能量摄入和/或通过增加活动来增加能量输出。对于久坐不动的人来说，最好的策略是减少能量摄入，增加运动和日常活动，在相对较长的时间内减轻体重。为了参加比赛，很多运动员想要快速减轻体重，但不能将活动水平提高还要达到减重的效果。因此，控制饮食能量摄入很重要。最近，有证据表明不仅总体能量摄入会影响体重减轻，食物中的成分也会影响体重减轻。特别是，关于体重减轻，蛋白质受到很多关注。

体重减轻和蛋白质的影响

相对于能量消耗，较低的能量摄入是负能量平衡和体重减轻的前提。但是，负能量平衡不仅会减轻身体脂肪，也会减轻肌肉质量。肌肉质量是去脂体重的最大一部分。

最近，很多研究证明，在低能量饮食中增加蛋白质的含量，特别是和运动训练一起，能够减轻超重或者肥胖者的体重并减少去脂体重［莱曼（Layman）等，2005］。此外，与更多的正常饮食成分相比，蛋白质含量高的饮食能够在低卡路里阶段结束后，减缓体重的恢复。因此，在体重减轻期间，摄入较多的蛋白质似乎是十分明智的选择，至少对于肥胖和超重的人来说是这样。

> 负能量平衡不仅会减轻身体脂肪，也会减轻肌肉质量。

什么是高蛋白饮食

在我们推荐"高蛋白"饮食之前，必须说明正确的蛋白质饮食的确切含义是什么。重要的是区分所考虑的蛋白质的绝对含量或相对含量。如表1所示，由于能量级别不同，饮食中蛋白质的绝对和相对含量差别非常大，对不同的运动员而言，蛋白质可能在2 000到超过5 000千卡/天。显然，在高能量级别，消减一小部分的能量会导致相对较大的绝对能量不足。在更高的能量级别，在相对高的绝对级别上蛋白质可以很容易保留。另一方面，能量预算低的运动员需要进一步增加饮食中的相对蛋白质含量，以便维持或达到适度的绝对蛋白质供求。

表1　　　　不同能量限制和其对相对和绝对蛋白质摄入的影响对比

	体重			能量	限制	蛋白质		
优秀运动员	80千克	正常		5 000千卡		15%	187克	2.3克/千克
		体重减轻		4 000千卡	20%	15%	150g	1.9克/千克
		体重减轻		3 000千卡	40%	25%	187g	2.3克/千克
男性运动员	75千克	正常		3 500千卡		15%	131g	1.8克/千克
		体重减轻		2 100千卡	40%	15%	79g	1.1克/千克
		体重减轻		2 100千卡	40%	30%	158g	2.1克/千克
女性运动员	60千克	正常		2 300千卡		15%	86g	1.4克/千克
		体重减轻		1 380千卡	40%	15%	52g	0.9克/千克
		体重减轻		1 380千卡	40%	30%	104g	1.7克/千克
久坐不动的肥胖者	85千克	正常		2 000千卡		15%	75g	0.9克/千克
		体重减轻		1 600千卡	20%	15%	60g	0.7克/千克
		体重减轻		1 200千卡	40%	30%	90g	1.1克/千克

另一个问题是，是否需要以碳水化合物或脂肪为代价来增加蛋白质含量。没有证据表明碳水化合物和脂肪的比率会影响蛋白质需求。但总的碳水化合物摄入量对维持适当的训练很重要，特别是在需要体力的运动中。因此，由于能量消减影响蛋白质本身的供给，所以为了维持训练质量，应当避免将碳水化合物换成蛋白质。因此，增加饮食中蛋白质的含量必须和减少碳水化合物和脂肪或只减少碳水化合物保持平衡。应当充分考虑运动员的能量预算和个人的饮食和训练需求。

运动员体重减轻阶段的蛋白质

与肥胖受试者相比，针对瘦削人群或运动员的蛋白质对人体成分和性能的影响数据很少。最近我们进行了一项针对健康、年轻、参加抗阻力训练的男运动员的体重减轻研究。受试者连续两周食用减肥餐。对照组每天摄入15%（1.0克/千克体重）的蛋白质，高蛋白组每天摄入35%（2.3克/千克体重）的蛋白质。与高蛋白组受试者相比，对照组的总体体重减轻更大。有趣的是，对照组体重减轻主要是由于去脂体重的减轻。两组的脂肪减轻基本一样。与对肥胖受试者的试验结果相比，这个结果在很多方面都不一样。肥胖受试者也出现了去脂体重下降的情况，但是在运动员身上这种效果更加明显。此外，对于通过摄入较高蛋白质而减少体重的肥胖受试者而言，其体重的减轻主要是由于减少脂肪。我们却发现摄入更多蛋白质来减轻体重的原因是由于去脂体重的下降。显然，对肥胖受试者而言，减少的脂肪比减少的去脂体重多。相反，瘦削的运动员在摄入较少蛋白质的情况下，去脂体重的减轻超过脂肪的减轻。来自其他运动员研究的数据也表明去脂体重减轻超过脂肪减轻［瓦尔贝格（Walberg）等，1988；穆里耶（Mourier）等，1997］。如果饮食中蛋白质的含量增加，会减少去脂体重的减轻。

肥胖和瘦削运动员对高蛋白和低能量饮食的反应不同，其中的原因尚不清楚。一个可能的解释就是体重减轻期间身体脂肪对身体成分的影响［福布斯（Forbes），2000］。有证据表明在饮食的初始阶段，脂肪和总体身体脂肪成比例下降，反之亦然。有趣的是，这种理论并不局限于人类。许多物种也具有这种特色。

> 如果饮食中的蛋白质含量增加，会降低去脂体重的减轻。

© fotolia, Maksim Shebeko

剂量反应

既然我们只是开始调查蛋白饮食对运动员体重减轻成分的影响，所以我们还难以定义对维持运动员去脂体重产生最大影响的最小或最佳蛋白水平。现有数据似乎指出，在减肥期间需要摄入相对较高的蛋白质量，大约或者超过每天2.0克/

> 在负能量平衡的情况下，虽然增加蛋白质摄入会保持肌肉重量，但是我们尚未完全了解这种作用机制。

千克体重，才能最好地保持运动员的去脂体重。但是，我们还需要进一步研究后才能确定最佳的蛋白水平。

为什么蛋白质会保持肌肉

蛋白质如何帮助减轻体重

除了在实验控制研究中体重减轻期间蛋白质对蛋白合成和身体成分的影响，蛋白质还在以下几个方面促进体重减轻。

- **饱腹感**：有确切证据表明蛋白质具有持续的饱腹效果。换言之，增加蛋白质摄入会增强吃饱和满意感。这种功效在无拘无束的生活环境而不是受控的实验环境中特别有帮助，因为蛋白质能减少人们放弃低卡路里饮食的动机。

- **能量消耗**：体重，特别是去脂体重的减轻，与静息代谢率（RMR）的降低有关系。RMR下降意味着燃烧更少的卡路里，因此可能削弱了完成体重减轻目标的能力。但是，能量限制本身也会降低RMR。增加蛋白质可能减缓三碘甲状腺氨酸的下降。三碘甲状腺氨酸是一种重要的激素，用来维持新陈代谢率，从而在体重减轻的时候维持RMR。

- **食物产热效应**：蛋白质消耗比其他营养物质会在饮食后产生更大的能量消耗，例如食物产热效应（TEF）。这种增长是由于蛋白质的新陈代谢过程需要相对较多的能量。因此，与碳水化合物和脂肪相比，以蛋白质形式摄入的能量更不容易进行代谢。然而蛋白质提供的能量与碳水化合物提供的能量一样。需要大约25%的能量来处理蛋白质，从而减少通过食用蛋白质而获得的净能量。由于蛋白质合成极其昂贵，蛋白中含有的刺激蛋白质合成的物质也有助于增加能量消耗。

- **提升肌肉蛋白质合成**：蛋白质和氨基酸能够刺激蛋白质合成，从而提升净蛋白质平衡。蛋白质的功效大部分是由必需氨基酸水平的变化所引起的，特别是氨基酸中的亮氨酸水平。亮氨酸是一种重要的分子路径刺激物，能够促使蛋白质合成。此外，额外的饮食蛋白质能够提供氨基酸作为蛋白质合成的一种物质——这是一个重要的考虑因素，因为这些氨基酸可作为锻炼肌肉的生命控制中心。

小结

确定用来作为减轻体重的合适营养策略之前，运动员应该仔细考虑体重减轻目标。看起来在采取低卡路里减肥餐时增加蛋白质摄入会保护去脂体重。如果整体体重减轻很重要，而不需要考虑减去哪种组织，那么就不需要高蛋白饮食。但是，如果保持肌肉很重要，那么高蛋白饮食会更好一点。

现实意义

- 在运动员体重减轻期间，饮食中的蛋白水平将显著影响所减少的去脂体重的质量。

- 如果运动员一开始的目标就是最大程度减轻体重，那么为了减少身体脂肪和大量的肌肉，就应该保持较低的蛋白质摄入量（例如每日1.0~1.2克/千克体重）。

- 如果运动员一开始的目标是在减轻体重的时候尽可能地保持肌肉质量来优化身体成分，那么应该保持较高的绝对蛋白质摄入，大约或者超过每日2.0克/千克体重。

- 能量越不足，去脂体重下降得就越厉害。极端能量限制会对肌肉造成伤害。

- 对肥胖受试者而言，蛋白质和运动特别有助于保持去脂体重。对运动员而言，通常情况下额外加强运动并不可行。在能量不足的情况下加强训练可能导致运动员面临过度训练的风险。但是如果可能，由于运动导致的能量不足对肌肉的伤害要比由于饮食导致的能量不足对肌肉的伤害小。

- 运动员的能量需求越高，就越容易将蛋白质保持在较高水平（例如大约每日2.0克/千克体重）。拥有较低能量预算的运动员实际上需要增加相对蛋白质摄入量（例如>30%的能量），从而获取至少适度的绝对蛋白质供给。

- 大部分运动员不应该为了增加蛋白质摄入量而限制碳水化合物。

表2

相对于碳水化合物和脂肪含量，蛋白质含量较高的食物包括：

- 各种瘦肉和肉制品（鸡肉、火腿和鸵鸟肉）。

- 鱼类（金枪鱼、鳕鱼、鳟鱼、鲑鱼）。

- 低脂乳制品（有些含糖量比较高）。

- 豆类（烘豆、豌豆）。

- 豆腐和其他肉类替代产品。

- 有助于定时蛋白质供给并且种类丰富的运动饮食。

© fotolia, Sergey Lavrentev

第21章

营养与运动相关的肠胃问题

贝亚特·法伊弗

　　肠胃（GI）问题是运动员普遍关注的，特别是那些参加长时间耐力赛事的运动员。在大部分的研究中，肠胃问题的发病率，有资料记载在30%~50%。这些症状最终可能会影响运动表现，也有可能阻止运动员表现良好或让运动员无法完成比赛。运动中引起肠胃问题的原因多种多样，但可能与在运动前或运动中摄入的食物有关。食用不适当的食物和液体或者食用运动员不习惯的食物，都会引起肠胃不适。因此，对运动员而言，仔细选择食物并在比赛前试用这些食物至关重要。

> 据报告，30%~50%的人在耐力运动中会出现肠胃不适的情况。

　　有研究证明高强度的运动会导致血流重新分配，以便养育运动肌肉。这可能会导致流向肠胃的血流减少。人们认为，除了交感神经系统活动增加和运动中的激素反应改变，这还会导致肠胃问题。但是，我们尚未完全了解引起肠胃问题的确切原因。在引起肠胃问题的这些运动里，营养品会加剧或引起很多肠胃问题。

运动中常见的肠胃问题

　　运动中可能出现很多不同的GI症状（参见表1）。不同研究中这些症状的普遍性有所不同，这主要是因为调查方法、研究受众、性别、年龄和运动员的训练状态，以及运动模式和运动强度不同造成的。通常情况下，30%~50%的人在运动中会出现肠胃不适的情况。

表1	运动中常见的肠胃问题
上腹部问题	下腹部问题
返流/心痛	肠道/下腹部痛性痉挛
嗳气	一边疼/伤口
胀气	肠胃胀气
胃痛/肌肉抽筋	有便意
呕吐	腹泻
恶心	肠道出血

谁容易出现肠胃问题

不同人群具有不同的GI问题。一般来说，女性比男性更容易肠胃不适。这一点在月经期间特别明显，月经期间的女性更容易肠胃不适。年轻的运动员比年老的运动员更容易有肠胃问题，这可能是由于年老的运动员训练时间长且有更好的正确饮食策略。我们也知道训练状态与肠胃不适的发病率呈负相关。

除了"风险因素"，个人敏感度也会使运动员有某种肠胃不适问题。最近的一些研究调查了在剧烈的长跑过程中对不同碳水化合物凝胶的容忍度。研究一致发现，GI不适和这些试验指出的GI症状强烈相关。这说明存在个人在运动中有某种肠胃不适的现象（法伊弗等，2009）。

> 与自行车运动相比，田径运动更容易出现胃肠道问题，而且会随着运动时间的延长和脱水而加剧。

©Bakke-Svensson/WTC

最容易出现肠胃问题的运动

有些人在不同的运动模式中患有不同的肠胃不适问题。与自行车运动或任何身体相对不静止的运动相比，例如越野滑雪和游泳，跑步中肠胃问题更常见。这可能是由于在跑步时每一步都会对肠胃造成不断增加的机械压力。但是，不仅运动模式会影响肠胃问题的发生，运动强度也会影响GI问题的发生。较低的运动强度不会影响胃排空，如果有，它对结肠运输有调节作用。相反，高强度运动能够推迟胃排空。流向肠胃的血液速度随着运动强度的提高而下降。当运动强度提高时，更容易发生肠胃问题。

此外，与持续时间较短的运动相比，持续时间较长的运动也会增加患上GI不适的风险。在接近长距离竞赛终点的时候，很多运动员更容易脱水，而GI问题也更常见。与运动无关，比赛当天心理压力也会增加。在比赛当天有可能在心理压力加大的情况下，神经和激素会发生变化，从而会进一步加剧GI问题。

引起/加剧肠胃问题的食物

显而易见的是，运动员应该认真选择特别适合他们的食物，避免选择可能引起肠胃问题的食物（参见表2）。

食物在人体中的消化过程可能持续24~72小时。这就说明不仅比赛当天食用的食物会影响肠胃健康，比赛前摄入的营养物质也会影响肠胃健康。众所周知，摄入较多的纤维有助于推迟食物的胃排空，增加肠道容量和结肠填充。因此，我们发现运动出现GI问题与食物中含有较多的纤维有关系也就不足为奇了。类似的是，高脂食物与运动中出现肠胃问题也有关系，这可能是由于高脂食物会推迟胃排空。

> 比赛当天及比赛前食用的食物都会影响肠胃健康。

我们可以假设说，在长时间运动中，肠胃更敏感。如果是这种情况，在休息时不明显的食物过敏和不耐受的症状可能会在比赛的时候成为一个大问题。例如，有些人的乳糖不耐受可能高达70%。通常情况下，大约1/10的人会受到影响。在很多地方，乳糖不耐症是最常见的一种食物耐受不良症状。对乳糖的敏感度是由于肠胃中缺乏乳糖酶引起的。这种症状的严重程度取决于消耗的乳糖和乳糖酶的缺乏程度。也有可能是运动员没有意识到乳糖不耐症，因为在休息的时候这种症状不明显。但是，如果在激烈运动中摄入乳糖，乳糖不耐症就会导致很多问题。

表2	可能影响肠胃的食物和补充剂
比赛前和比赛中摄入的纤维和脂肪	
比赛前和比赛中摄入的高渗溶液	
摄入较多的碳水化合物（对有些人而言）	
乳糖（如果不耐受）	
NSAID［例如阿司匹林、对乙酰氨基酚（泰诺林）、布洛芬］	
碳酸氢钠、柠檬酸钠	
大剂量的咖啡因	
大剂量的矿物质（例如铁、镁）	

训练喝水

对田径运动员而言，在比赛中自愿补充液体的机会似乎很小。脱水是常见的一种现象，会增加患上肠胃问题的风险。另外，在跑步过程中饮用较多的液体也会带来肠胃问题。有趣的是，最近的一项研究表明，通过训练可以增加跑步时饮用的合适的液体量。在重复的训练课程中，田径选手补充计算好的液体量来弥补出汗损失并记录他们出现肠胃不适症状的比率。与在第一次训练课程相比，在进行第五或第六轮训练时，饮用相同剂量的液体而保持肠胃舒服的情况得到了显著改善（兰伯特等，2008）。

运动中液体的选择也与运动中患有GI不适的风险有关。高渗液体与GI不适有关。据推测，高渗溶液会导致液体的净分泌进入肠胃，从而引起腹部问题，例如便溏和腹泻。但是，目前的研究关于高渗碳水化合物溶液导致GI问题的程度还没有定论。

最近的一项研究指出，在16千米田径比赛中，大部分田径选手可以很好地接受大量凝胶形式的碳水化合物。碳水化合物凝胶可以提供高达90克/小时的碳水化合物（法伊弗等，2009）。尽管如此，在这项研究中，一些运动员出现了严重问题。这就说明运动员之间对较高的碳水化合物摄入量存在个体差异性。所以我们建议运动员在紧张的训练课程中或在实际比赛之前的测试比赛中试验他们要摄入的食物和液体。

运动员还需要考虑作用补充剂或药物的物质对肠胃造成的副作用。例如，咖啡因对肠胃有通便的效果。如果运动中摄入大剂量的咖啡因，就会导致GI问题。常见的非甾体消炎药物（止痛药，如阿司匹林、对乙酰氨基酚和布洛芬）也会引起GI问题，特别是服用剂量比较大的时候。

运动员预防肠胃问题的方法

- GI问题的出现具有非常高的个体差异性。在紧张训练或相对不重要的比赛中试验要摄入的食物和液体至关重要。

- 训练中饮用液体，特别是在跑步时，能减少肠胃不适症状。

- 在比赛之前和比赛中补充足够的液体（水合作用）。

- 避免在比赛前和比赛中摄入纤维含量高的食物（例如豆类、麸、水果和全麦面包）。

- 避免在比赛前和比赛中食用高脂食物。

- 留出充足的时间（>3小时）来消化最后一顿饭。

- 测试对乳糖的耐受度，如果对乳糖不耐受，避免在赛前食用乳制品。

- 注意NSAID（非甾体抗炎药物）：止痛药，如阿司匹林、对乙酰氨基酚和布洛芬。

- 提前试验咖啡因的使用。降低咖啡因剂量或者将要摄入的咖啡因分成小剂量多次服用。

- 测试碳酸氢钠和柠檬酸盐的食用。

- 进行压力管理，以便在比赛当天将心理压力降到最低。

- 适应保持正常肠胃功能的运动强度。

第22章

马拉松赛跑

约翰·霍利

马拉松赛跑的新陈代谢要求

在马拉松训练和比赛中，很多因素有助于进行心肌氧化碳水化合物（CHO）和脂肪。但是，运动员的营养和训练状态，以及相对的跑步强度也许是最重要的。骨骼肌在一段时间内会适应重复训练，以便提升运动表现的过程被称为体能训练。对于参加马拉松比赛的选手而言，这种训练的目的就是加快步速，并在一段时内保持这种步速（例如42.2千米）。这反过来依赖化学能力（例如CHO、脂肪和蛋白质）转化为机械能量，从而进行肌肉收缩的速度和效率。因此，马拉松训练要促使多种新陈代谢和细胞适应性，以便运动员能够（ⅰ）增加从有氧和无氧途径中产生能量的速度；（ⅱ）保持较紧张的代谢控制（例如使三磷酸腺苷［ATP］生产与ATP水解相一致）；（ⅲ）加强动作的经济性；（ⅳ）提升工作心肌的耐力，以便在运动中抵抗疲劳。

优秀马拉松运动员会在比赛时将跑步速度维持在80%~90%的最大耗氧量（VO$_2$max）。休闲跑步者在相对较小的运动强度下进行比赛。虽然没有呼吸交换比率（RER）的直接测量方式，但看起来优秀运动员可以只用CHO作为燃料来参加马拉松比赛。确实，研究已经证明，一群运动员参加持续2小时45分钟的跑步机马拉松比赛，他们的平均RER是0.99（基于CHO的燃料占97%的总能量，来自脂肪的燃料占3%的总能量）。而用时3小时45分钟完成比赛的慢跑

> 优秀马拉松运动员几乎只用碳水化合物作为能量来源。

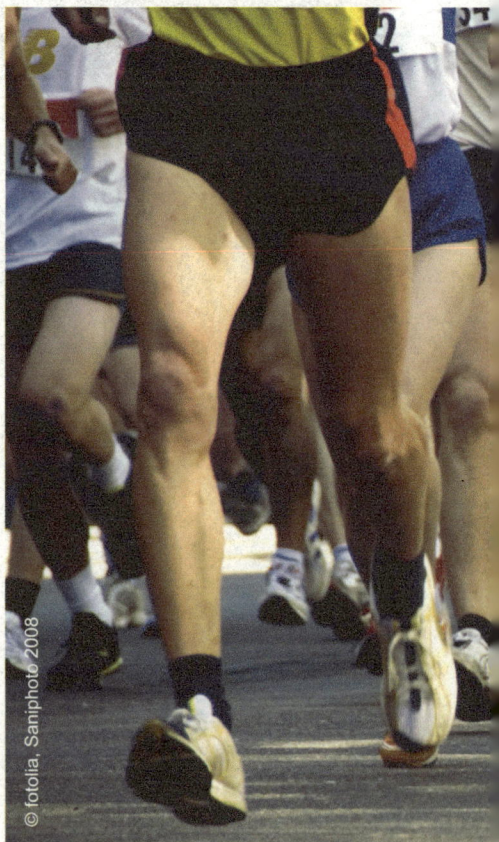

© fotolia, Saniphoto 2008

运动员的平均RER是0.90（基于CHO的燃料占68%的总能量，来自脂肪的燃料占32%的总能量）。马拉松训练和比赛的日常饮食需求应该可以反映这种燃料混合。

马拉松训练的营养需求

有些研究调查日常CHO摄入对运动员训练能量和后续运动表现的影响。这些研究都有一个局限性，就是介入时间比较短（最长两周）。这样就难以将试验结果应用到为马拉松比赛做准备的、时间更长的训练中。尽管如此，这些数据表明，不能满足受训肌肉组织的日常CHO需求的节食会影响跑步训练和后续的运动表现。

> 与食用CHO含量较低（5.4克/千克体重/天）的饮食相比，田径运动员食用含有8.5克/千克体重/天的CHO（5%的总能量），在紧张的训练时间内，他们能够更好地保持体力和情绪状态。

例如，伯明翰大学（UK）进行了一项研究，确定了在一段紧张训练时间内两种不同的含有CHO的饮食对训练能力、体能和情绪状态的影响（阿克腾等，2004）。在一项随机的交叉设计中，7位训练有素的田径运动员［最大耗氧量（CO_2max）为64.7 ± 2.6 mL $\cdot$ kg^{-1} $\cdot$ min^{-1}］进行了两次为期11天的试验，每次食用其中一种饮食。当田径运动员日食用含8.5克/千克体重的CHO（5%的总能量）时，在紧张的训练时间内，他们拥有更好的情绪并能更好地维持体能（根据预先装入的、在跑步机上进行8千米竭尽全力的跑步和在室外进行的16千米竭尽全力的跑步），因此能够减少过度训练的情况。

> 虽然有证据表明在低糖原水平下进行训练可能会获得更好的训练适应性，但是也有证据表明，如果摄入的碳水化合物较少，会加剧过度训练。

虽然最近有科学研究对训练如何在肌糖原水平低的时候能增强营养－基因－蛋白质交互作用和肌肉适应的细胞信号通路感兴趣，但是根据现有数据做出的训练建议还处于理论阶段，都是尚不成熟的推测性结果。因此，我们要谨慎采用最近的指导方针作为运动营养建议，并谨慎地向马拉松选手建议每天的饮食应该提供充足的CHO，以便达到训练和在训练间隙恢复糖原水平（肌肉和肝脏）的能量需求。根据运动量和运动强度，以及所处的训练项目阶段，CHO的日摄入量在7~10克/千克体重。

碳水化合物的摄入和马拉松表现

碳水化合物摄入（随着运动减少而增加CHO摄入量）使选手在比赛后期保持目标步速，从而提升持续时间超过100分钟的运动的表现。虽然先前关于肌糖原加载的研究采用严格的饮食—运动养生法来达到超级补偿糖原水平，但是人们又针对训练有素的田径运动员提出了一个修正方案。这些田径运动员不需要对他们的训练和CHO状态提出苛刻要求，

> 目前，监控铁状态最好的工具是血清铁蛋白。个人血清铁蛋白浓度的历史数据有利于追踪个人的铁状态，但在通常情况下，如果血清铁蛋白浓度降到20ng/ml，就需要采取措施。

就能超级补偿他们的糖原存储。正因为如此，我们建议训练有素的田径运动员在比赛前几天可降低一定的训练量，并在赛前36~48小时确保摄入7~10克/千克体重的碳水化合物。

马拉松比赛期间的碳水化合物摄入

大部分的选手都会在马拉松比赛中饮用CHO-电解液饮料。含有CHO（2%~19%）的饮料使运动员可以管理输送到工作心肌的CHO，同行也能改变液体（例如水分）摄入。液体和能量摄入的实际问题取决于比赛环境、出汗速度、个人喜好和耐受度（参见关于铁人三项运动的文章）。

铁状况和马拉松选手

许多运动员将训练中的疲劳感与（未确诊的）缺铁联系起来。虽然缺铁性贫血会导致疲劳并影响运动表现，但是不贫血的低铁状况也会干扰训练和恢复。对运动员而言，很多原因都会导致疲劳，但对田径运动员而言，缺铁性贫血却相对少见。如果没有补充足够的铁以便使铁需求（由于生长和怀孕导致铁需求增加）和铁损失（由于失血过多、献血或肠胃失血导致的铁损失）相匹配，就会导致低铁状态。对于面临低铁状况风险很高的运动员而言，应当定期监控铁状况。目前，最好的监控工具是血清铁蛋白。个人的血清铁蛋白浓度的历史数据有利于追踪个人的铁状态，但在通常情况下，如果血清铁蛋白浓度降到20纳克/毫升，就需要采取措施。治疗缺铁性贫血或防止低铁状况发展成贫血的干预方式包括连续几个月补充铁剂。但是，补充完铁剂后还要改变饮食来摄入更多易于吸收的铁，包括定期补充小剂量的、来自动物制品的血红素铁（例如红肉、甲壳类动物、肝脏），并将一些含铁的植物来源（例如强化谷物、坚果和豆类，绿叶蔬菜）和含有维C或肉的食物混合食用。

问题	解决方案
在不走极端的情况下，保持身体轻盈、瘦削以便获得最佳运动表现。能量摄入不足会导致新陈代谢和激素功能紊乱	需要在超过42千米的比赛中带动身体运动时，身体轻盈、瘦削是一个优势。但是每位运动员都需要找到与良好健康和长期良好表现相关的体重和身体脂肪水平。运动营养学家可以帮助运动员设定合适的目标并通过良好的饮食习惯实现这些目标
长跑运动员，特别是女性，普遍存在饮食不规律的现象	应当对马拉松比赛选手进一步强调通过良好的饮食习惯实现安全、健康的体重等信息。应该在专业评估和咨询的早期阶段就通知那些出现不规律饮食征兆的运动员

续表

问题	解决方案
进行重要的训练课程，同时采取适当的能量和水合策略	在重要的训练课程中，运动员应该很好地补充能量和水分。应该按照训练量来决定饮食中的碳水化合物含量，以便确保提供充分的能量。尽管长跑经常在偏僻的地方进行，但是运动员应该尽力携带一些饮料和能量食品。这样至少在比赛中有些时候可以补充水分和能量。利用训练课程找感觉，例如出汗情况，所以提前可以制定并实践适用于比赛当天的饮水策略
低铁状况会干扰训练和恢复。如果进一步发展成为缺铁性贫血，肯定会对跑步成绩造成影响	马拉松选手容易出现低铁状况，因为没有摄入充分的易于吸收的铁来弥补铁缺损。面临铁摄入不足的高风险运动员（低能量和铁摄入和/或身体铁损失增加）应当定期监控他们的铁状况。对低铁状况的治疗包括补充铁剂，同时增加饮食中铁的含量，以及采取其他可治疗过量铁损失的方法
马拉松选手想要摄入碳水化合物就要具备一定的营养知识并适当减少训练量（例如逐渐减少）	在马拉松比赛前几天，运动员应该适当减少训练量，并在赛前2~3天每日食用含10克CHO/千克体重的饮食。想要在补充碳水化合物的最后一天采用压缩的、低纤维和高热量的食物，应该确保运动员会以一种良好的肌肉能量贮备和较低的肠胃不适风险进行比赛
选择适当的赛前餐，特别是在早晨就开始的马拉松比赛	根据运动员以前的习惯，可在比赛前2~3小时食用清淡的富含碳水化合物的早餐。低纤维、压缩食物，例如运动能量棒或液体的食物补充剂都是不错的选择
在比赛中适当地补充水分和能量可以避免脱水、低钠血症或突然跑不动了	马拉松比赛通常会提供一个救助站网络来帮助运动员实现良好的比赛营养计划。这种安排应该致力于弥补合理的出汗比例——既不需过少地摄入水分以至于造成超过2%体重的缺水，也不过度饮水，使得饮用的水超过流失的汗水。通过训练，运动员应该制定这么一个计划。允许运动饮料和凝胶含有碳水化合物和电解液，能够实现其他比赛影响目标。通常情况下，每小时摄入30~60克碳水化合物就能满足其比赛的能量需求
在马拉松比赛中避免肠胃不适	面临肠胃不适的运动员应该在比赛前一天或几天避免食用高纤维的食物。其他的策略包括避免在比赛前或比赛中饮用浓缩饮料。有些运动员应该治疗潜在的肠胃问题，例如肠道易激综合征
在马拉松比赛中避免肌肉痉挛	引起肌肉痉挛的大部分原因还不明确，且这些原因具有高度个体差异性，可能并非总是营养的问题。虽然现有证据不很充分，但有些人可以通过镁补充剂缓解或解决肌肉痉挛问题。值得注意的是，盐分不平衡也会引起肌肉痉挛，而盐分过多也会引起肌肉痉挛

第23章

中距离跑步的营养

特伦特·斯特林格沃尔夫

中距离跑步指的是800米、1 500米和3 000米赛事，根据个人能力不同，花费1.5~10分钟。尽管这些是持续时间相对较短的赛事，但赛事之间或某项赛事的ATP能量来源供给却大不相同。例如在800米赛事中，无氧ATP产物［不包括磷酸肌酸（CP）］和碳水化合物（CHO）就占了高达45%的总能量，但是在3 000米赛事中，有氧ATP产物（CHO和脂肪）占了88%~90%的总能量。

> 许多运动员也进行广泛的抗阻力和牵张训练来锻炼力量、爆发性并刺激中枢神经系统和神经肌肉的适应性。

由于有氧源和无氧源的能量供给存在令人难以置信的差异性，所以中距离运动员在一年的训练时间内采取动态统一的训练量、训练时长和训练强度，这会使用所有的能量生产方式（CHO、脂肪）和肌纤维类型（慢、快）。此外，许多运动员也进行广泛的抗阻力和牵张训练来锻炼力量、爆发性并刺激中枢神经系统和神经肌肉的适应性。因此，就为了支持大量训练刺激和比赛条件所需的能量供给连续性而言，中距离运动员可能是运动竞技场上最具多样性的运动员。中距离运动员确实站在新陈代谢的十字路口，这也许说明了为什么很多中距离运动员能够在800~10 000米赛事中冲上世界级地位。因此，最基本的一点是不同训练和比赛中使用的不同的燃料（CHO、脂肪），以及用于修复和恢复肌肉所需的蛋白质（PRO）的重要需求，都可作为所有紧急的和季节性的营养建议基础。

分期训练的分期营养

大部分长距离运动员和教练试图将他们全面的训练日历划分成多个部分，每一部分都有专门的生理学重点。有4个主要的训练小周期/阶段：（1）一般准备（有氧/耐力开发）；（2）特别准备（无氧提升）；（3）竞赛和（4）休息和恢复（R&R，图1）。对中距离运动员而言，这些训练阶段中的训练量和训练强度的显著区别也值得注意。优秀的中距离运动员可能在有氧开发阶段采用马拉松运动员的训练量（>150千米/周，长距离有氧跑步、极限训练），但是在接近竞赛的阶段，可能模仿短跑运动员的训练强度、训练速度和训练量

（50千米/周、短跑、短跑跟踪训练）。因此，全年中每个训练阶段的训练负荷和训练强度，以及所需的能量消耗和燃料选择都有很大差别。因此，所摄入营养的总量和类型也应该有所不同。

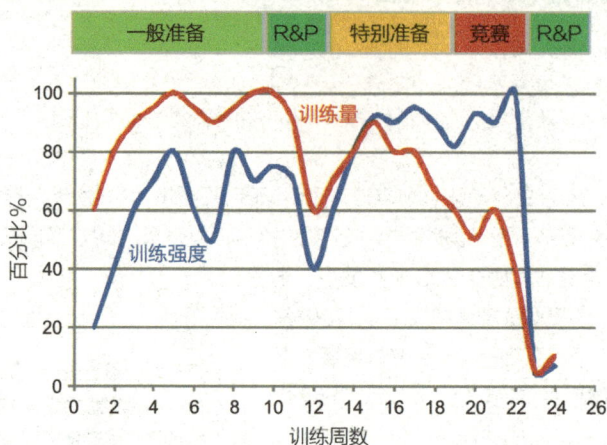

图1　优秀中距离运动员的主要训练阶段概述

分期训练方法的中心应该是分期营养方法。分期营养方法考虑了由特定训练刺激（4）导致的紧急和季节性营养需求。由于运动员在整个赛季都要进行训练和比赛，从耐力开发阶段到顶峰的锦标赛比赛，来自CHO的能量供给增加，但是来自脂肪的能量却减少了。因此，在全年的饮食计划（1）中，饮食中的CHO摄入量应该逐渐从55%上升到占总能量摄入（%En）的70%，或者从7克/千克体重/天到10克/千克体重/天，同时饮食中的脂肪摄入量应该逐渐从30%降到20%En（1~1.5克/千克体重/天）。按照饮食中的蛋白质含量，理想状态下耐力运动员在艰苦的训练阶段应该消耗1.5~1.7克/千克体重/天的蛋白质（5）。一位重70千克的非素食运动员每天消耗3 500千卡的能量，可能只需要在蛋白质方面摄入12%的能量，通过平衡饮食很容易就实现这一点。最近有研究证明，在竞赛的减量训练期间，随意的卡路里摄入不会立即或减少的能量消耗相对称。

因此，在这一阶段运动员需要在能量摄入方面制定明智的决策，而不是坚持他们习惯的饮食，以便维持理想的最佳身体成分。在精疲力竭的比赛阶段后和/或在训练小周期中，运动员必须休息一段时间以便恢复体力和脑力。在这段时间内，通常情况下，训练量和训练强度都很小。由于训练量和训练强度变小甚至完全没有，所以必须降低这一阶段/天的营养能量摄入。大量营养素建议与普通大众一样（CHO：4~6克/

> 分期训练方法的中心应该是分期营养方法。分期营养方法考虑了由特定训练刺激导致的紧急和季节性营养需求。

© Asker Jeukendrup

千克体重/天脂肪：0.8~1.2克/千克体重/天）。这一阶段也有可能体重增加或者身体成分发生变化。这是很自然的一件事。但是，增加的体重不应该超过5%的总体重。

对教练和运动员而言，划分训练以便在重要锦标赛期间使身体状况达到顶峰是最困难的一件事。但是，意识到营养在该过程中扮演的重要而完整的角色使运动员离他的目标更进了一步。

多样化营养恢复建议下的多样性训练结果

艰苦训练和比赛在本质上就是分解代谢。只有在以营养为基础的恢复阶段，才能通过恢复肌肉能量存储（主要是糖原）和新蛋白质的合成来实现艰苦工作带来的裨益。大部分中距离运动员食用十分多样化的运动刺激物。因此，由于以前的运动模式、运动强度和运动时长，紧急恢复营养建议也不一样（参见表1）。

表1 根据特定的训练类型，紧急运动后的饮食建议

训练类型	训练课程举例	使用的燃料	紧急营养建议
有氧能力&能量氧化&糖解酶/VO_{2max}/AT	（1）1小时之内进行20分钟的速度训练 （2）3次10分钟训练，每次训练后休息3分钟 （3）长期在稳定状态下跑步	主要是脂肪	有氧训练： CHO：1~1.4克/千克每小时运动饮料 举例：800~1 000毫升运动饮料/小时
无氧能力&能量−糖解酶/CHO新陈代谢/肌肉力量/跑步效益	（1）30秒冲刺运动，然后休息1分钟 （2）10次1分钟训练，每次训练后休息2分钟 （3）15~30秒冲山跑 （4）90秒冲刺运动，然后休息5分钟	脂肪/CHO	短期（<4小时）恢复： 在运动后的前两个小时，分多次小剂量摄入营养物质 CHO：1.2~1.5克/千克每小时 举例：800~1 200毫升运动饮料/小时
		CHO	长期（>20小时）恢复： 运动后的前两个小时： CHO：1克/千克每小时 总PRO：0.3克/千克每小时 FAT：0.1克/千克每小时 举例：（1）全麦百吉饼+花生酱 （2）750毫升运动饮料+蛋白质能量棒 （3）2杯谷物食物+牛奶+香蕉 （4）全麦面包金枪鱼+500毫升果汁 （5）巧克力奶+低脂水果酸奶
爆发性训练−最大收缩能力/肌肉肥大/技巧&效益	（1）体重训练 （2）增强式提高训练 （3）短跑&速度技巧 （4）冲山	CHO&ATP/CP	在抗阻力训练期间和抗阻力训练结束后两小时内： CHO：0.5克/千克每小时 总体PRO：0.3克/千克每小时 EAA：0.1克/千克每小时 举例：（1）500毫升运动饮料+蛋白质能量棒 （2）250毫升牛奶+一份水果

AT：无氧阈值/乳酸阈值　CHO：碳水化合物　CP：磷酸肌酸　EAA：必需氨基酸　PRO：蛋白质　recov：恢复（来自1、2和5的营养推荐）。

　　运动员需要进行短期恢复时，应该立即补充CHO以便最大限度提高糖原再合成速度。现在的研究建议在恢复阶段（2）的前几个小时，频繁摄入小剂量的CHO，从而使总

的 CHO 摄入速度达到每小时 1.2~1.5 克/千克体重。运动员处在短期恢复阶段时（<4 小时），例如同一天的每轮比赛之间或艰苦训练期间，这种 CHO 摄入原则很重要。在这些情况下要避免快速摄入 CHO，否则会减缓胃排空。

> 预赛之间的间隔很短时（<4 小时），我们建议在恢复阶段的前几个小时，频繁摄入小剂量的 CHO（例如每 20~30 分钟摄入 20~30 克 CHO），从而使总的 CHO 摄入速度达到每小时 1.2~1.5 克/千克体重。

在长期恢复（24+）和抗阻力训练后的恢复期间，摄入 PRO 和 CHO 对最大限度提高肌糖原再合成速度、蛋白质合成速度和修复受伤肌肉组织至关重要。但是，我们尚未清楚最理想的大量营养素混合物是什么。能够在不同的训练刺激类型后最优地恢复和适当的进食形式、CHO 和/或蛋白质（完整蛋白质 VS 水解蛋白质）类型和摄入时间是什么？

出差和比赛期间的营养

即使努力满足了额外的需求，例如紧张的出差和比赛计划，以及需要进行多轮比赛的重大锦标赛要求，但还是会对中距离运动员造成难以置信的身体劳损。例如，在通常情况下的国际室内和室外田径赛季中，优秀的男女中距离运动员每年平均参加 18 次比赛，其中 77% 的比赛在欧洲/俄罗斯举办，17% 的比赛在澳大利亚/亚洲/非洲举办，6% 的比赛在北美洲举办（2006 年）。对国际（级别）运动员而言，必须出差。运动员必须参加不同国家举办的重大比赛。每次比赛都有不同的出差要求、时区、文化和气候。由于诸多限制，运动员难以找到合适的营养和液体参加比赛，也难以找到熟悉和健康的食物作为日常饮食。

中距离运动员也很难在重大锦标赛的每轮赛事之间进行恢复，因为他们要面对多项比赛而且每项比赛都需要消耗很多能量。例如，在 1984 年的洛杉矶奥林匹克运动会上，塞巴斯蒂安·柯伊（Sebastian Coe）在其 800 米和 1 500 米项目的 9 天赛事参加了 7 次比赛，最终获得一枚银牌和金牌。因此，需要你形成一个成熟的竞争营养方法。以下是一些建议：

- 根据个人喜好，找到一些个人的赛前饮食选择。对运动员而言，这些饮食方便、现成且是正确选择。另外，这些饮食应含有很高的 CHO（1~4 克/千克体重）并且在赛前 1~6 小时消耗完。

- 在比赛前的 1~3 小时，运动员应该饮用 400~600 毫升运动饮料和/或水。很多运动员也会再食用一小份零食（例如运动能量棒、水果）。

- 通常从比赛场地到住处的行程时间有限，所以对运动员而言，在赛后立即补充食物和液体至关重要。应该以大约 1.0 克/千克体重的速度补充富含 CHO 且具有中到高血糖指数的食物和液体，目标应该是 0.3 克/千克体重（参见表 1 的实际举例）。

- 可以享用正常饮食之前，专门的运动营养产品（碳水化合物 - 蛋白质能量棒或饮料）

能够满足很多最初的CHO和PRO需求。这些产品很方便且运动员也比较熟悉。

- 应该在先前的训练和不太重要的比赛中试验和定制比赛中使用的所有营养物质。

补充剂和中距离跑步

无氧糖酵解为中距离跑步提供了大部分能量，但是由于增加氢离子（H^+）和乳酸盐（La-）的产生，会引起代谢性酸中毒。增加的H^+会导致肌肉pH值下降，这样在高强度运动下会导致疲劳。可能内部和外部的H^+肌肉缓冲能力会提升运动表现，但代谢性酸中毒是一个限制因素。因此，有研究证明氨基丙酸（β-丙氨酸）和碳酸氢钠（$NaHCO_3$）或柠檬酸盐的补充剂能够增强内部和外部细胞的缓冲能力，这就会使运动表现得到很小但很重要的提升。

> 有研究证明氨基丙酸（β-丙氨酸）和碳酸氢钠（$NaHCO_3$）或柠檬酸钠的补充剂能够增强内部和外部细胞缓冲的能力，这就会使运动表现得到很小但很重要的提升。

以前一些研究直接调查$NaHCO_3$的功效，$NaHCO_3$用于提升中距离比赛中的表现时，研究人员发现$NaHCO_3$能够将800米（2:05.8到2:02.9）或1 500米（4:18.0到4:13.9）项目的用时分别缩短3~4秒。但并未发现$NaHCO_3$能够始终、重复地提升运动表现。而且50%的受试者出现严重的肠胃（GI）不适症状。因此，数据表明在比赛前1~2小时摄入含有0.3克/千克体重的碳酸氢钠或柠檬酸盐溶液可以让中距离比赛的表现带来很小但是很重要的提升［如需查阅资料，请参见麦克诺顿（McNaughton）的研究，2000］。试验结果非常大的不一致性说明每个人的剂量、运动表现和GI耐受度有极高的差异性，所以应该提前实验$NaHCO_3$的摄入效果。

最近有证据表明补充丙氨酸能够增加肌肉中的肌肽成分，因此可能增强肌肉内部的H^+缓冲能量，从而提升高强度运动表现。剂量原则包括单天3.2克，长达8天每次0.4~1.6克β-丙氨酸，以便每天总摄入量达到3.2~6.4克，持续4周，就会使肌肉中的肌肽成分增加50%~60%。很多研究分多次使用小剂量β-丙氨酸，因为有记录证明摄入大剂量的β-丙氨酸会导致轻微的假过敏皮肤异常反应（轻微的红肿和刺痛感），但这种情况几小时之内就会消退。虽然研究一致发现，补充-丙氨酸能够增加肌肉中的肌肽成分，但是其后续性能功效尚不明确，因为只有40%的性能研究发现丙氨酸具有积极功效。但是，在这些表明丙氨酸对运动表现有积极效果的一小部分良好控制的研究中，所有研究的丙氨酸总摄入量连续四周以上都超过150克，结果表明肌肉中的肌肽成分增加（>30毫摩尔/千克，如果测量的话），而且使用了受控的无氧运动实验。现在人们越来越关注这些参数什么时候发挥作用。看起来b-丙氨酸可以显著提升无氧运动的表现。尽管如此，我们还需要进行更多良好控制的研究来进一步说明其活动机制，明确剂量耐受度/原则、受试者特异性，以及在很多运动干涉和运动强度下对运动表现的作用。

© fotolia. Arthur Braunstein

第24章

游泳

路易斯·布尔克

　　泳池里的成功包括在持续20秒到18分钟的时间内以高度协调且有技巧的方式产生大量的能量输出。游泳赛事分为长泳道（50米泳池）和短泳道（25米泳池）两种形式。长泳道形式的游泳能被人们更好地接受，且是奥林匹克运动会的一个项目。游泳比赛采取1到3天的比赛机制，但是奥林匹克游泳比赛（26项赛事）和世界锦标赛（32项赛事）通常会持续8天，每天早晚举行相关赛事（参见表1）。现在，优秀的游泳运动员会尽力专注于一些项目。尽管如此，像迈克尔·菲尔普斯（Michael Phelps）和莉比·特里克特（Libby Trickett）[伦顿（Lenton）]等个别选手也会在8天的比赛项目中参加6~7天的比赛，有时会在同一天进行2~3个比赛（某个赛事的半决赛，另一个赛事的决赛，以及接力赛）。

© fotolia, HaBlu

很多优秀游泳运动员会进行大量的训练，在每周的9~12个训练课程中，总训练量达到30~70千米。另外，还有3~6次的"旱地"训练课程，例如抗阻力训练、灵活性和中枢肌肉力量以及有氧运动，来帮助其实现身体成分目标。每年的训练分为每周的小周期训练和更长的大周期训练，训练重点逐渐从适应比赛强度转移到确定赛前减量训练。因此游泳运动员的营养考虑包含很多方面。在训练阶段，游泳运动员具有耐力运动员的一些特性，在比赛的时候，更多的是简单的耐力赛事。游泳运动员在年轻的时候进行大量训练，个别运动员会在青少年时期达到国际水平。

训练的营养问题

许多游泳运动员根据青少年和成年早期的营养情况进行大量训练。早晨的训练安排是一种游泳惯例——根据学校或工作安排、泳池是否可用，以及对每天两个训练之间的恢复时间期望。通常都是匆匆忙忙地吃饭，家庭聚餐通常根据学龄运动员的训练状况和出行需求来安排。很多游泳运动员发现从家换到一个独立的生活环境甚至是大学或协会的餐厅时，难以确定自己的食物摄入量。

仍处在发育中的游泳运动员经常发现，实现他们的运动营养目标与针对青少年和成年早期的特定营养、社会和情绪问题存在冲突。就男性游泳运动员来讲，训练中较高的能量消耗和成长中较大的能量需求会导致特别高的能量和碳水化合物需求。许多年轻的男性游泳运动员发现他们难以满足这种需求，在训练中，体重会减轻，人也容易疲惫。对很多年轻的男性游泳运动员而言，主要问题是努力应对青少年时期积累的身体脂肪，特别是在减少训练量的时候，例如非赛季、减量训练或受伤的时候。很多以前清瘦娇小的女性游泳运动员也在努力应对不断下降的运动表现、不好的身体形象，并与教练一起克服青少年时期增加的体重和身体脂肪。从理论上讲，女性游泳运动员比其他运动员面临更高的不规律饮食风险，因为女性运动员需要通过暴露的衣着展现她们的身材。由于最近更流行清瘦，所以对优秀的男性和女性游泳运动员而言，这种情况变得更为严峻。虽然很多游泳运动员和教练可能把提醒运动员成为优秀竞赛者作为成功的一个理由，但是，仅从清瘦效果本身而言，我们还难以确定遗传的或大量训练对低脂肪水平的作用。需要一个长期的办法来保持理想的体形。也应该鼓励所有游泳运动员找到他们的体重和身体脂肪水平，在这个水平上他们拥有很好的表现、胃口和健康。对游泳运动员而言，根据训练和比赛日程上的训练量和内容来调整他们的能量摄入，而且允许体形在不同阶段有合理的改变是非常重要的一件事。运动营养学家能够帮助年轻的游泳运动员确定他们的饮食习惯，能够让他们很好地进行训练，同时还能实现当前和将来的身体成分目标。

从理论上讲，需要摄入很多碳水化合物来提供游泳运动员进行大量训练所需的能量。确实，戴夫·考斯帝尔（Dave Costill）教授进行的一项经典研究发现，不能增加碳水化合物和能量摄入量的游泳运动员在训练量翻倍的情况下会感到疲劳和痛苦，而自然调整其能量摄入的运动员能够更好地应对更高的训练量。虽然一周之内能量摄入不足不会影响后续的运动表现，但长时间都有不良的营养习惯，运动表现必然会受到影响。通常情况下，对男性游泳运动员进行的饮食调查发现，他们自己报告每天摄入15~20兆焦耳能量，能够提供6~8兆焦耳碳水化合物和1.5~2.0兆焦耳蛋白质。考虑到饮食调查中经常漏报的食物，这种摄入量看起来能够达到受训良好的男性运动员的营养目标。饮食调查和随机观测发现，通常情况下女性运动员比男性运动员报告的能量和碳水化合物摄入量要低，而且看起来足以支持她们的训练量。女性游泳运动员看上去较低的能量和燃料摄入量可能反映出食物漏报、控制能量摄入以便实现减少脂肪的目的，或减少训练消耗等情况。

帮助女性游泳运动员的运动营养学家经常根据她们身体脂肪/体重目标以及训练和比赛的能量需求优先顺序制定一个计划，以便在一周或整个赛季内划分能量和碳水化合物的摄入量。能量需求从适度到变大以及选择多种营养食物的时候，大部分运动员应该很轻松地就能满足她们的维生素和矿物质需求。

> 研究发现在训练课程中促进摄入更多的碳水化合物（在训练前和训练中摄入碳水化合物）能够加强该训练课程中各种任务的运动表现。

想要为了实现训练目标而不断增加能量、蛋白质和碳水化合物需求，其中的一个策略就是在训练中计划这些营养物质的消耗。针对体重/身体脂肪目标"划分饮食"是一个有效的方法，因为游泳运动员的饮食摄入要根据训练量的增加或减少来确定。但是，这也有促进优化训练和从训练中恢复的额外效果。研究表明，增加训练课程中的碳水化合物摄入量（在训练前和训练中摄入的碳水化合物）能够提升训练中各种任务的表现。此外，在训练中保持摄入较多的碳水化合物有助于防止免疫系统功能衰弱，这通常会发生在长时间训练后的几个小时内。保持健康是很多游泳运动员的重要目标。

在抗阻力训练和游泳训练后摄入蛋白质和碳水化合物，是帮助人们从游泳/训练中恢复和适应游泳/训练的另一个营养策略示例。根据训练计划表，大部分优秀游泳运动员每天都有2~3个训练课程。每次训练课程后快速补充这些营养物质能够促进能量再生和蛋白质合成，从而锻炼新的肌肉。

当前基于现有资料的指导方针建议及时摄入10~20克蛋白质和1~1.5克/千克体重碳水化合物。这可以是在训练课程结束后迅速食用一份零食以便促进恢复，直到可以吃下一顿正餐。在其他情况下，游泳运动员可以在训练结束后直接进食正餐，并利用菜单内的菜肴实现这些营养目标。与其他运动员或在"旱地"上进行的训练课程的出汗相比，泳池中的体液流失通常都是很轻微的。尽管如此，对游泳运动员而言，在训练课程中定期或每天监控体液流失很有用，特别是在炎热环境下或高海拔地区进行大量训练的时候。

当然，对游泳运动员而言，每次训练课程都保持较高的碳水化合物摄入量是不可能或不切实际的事情。为了方便，很多游泳运动员会早上空腹进行训练，或者食用少量零食后再进行训练。如果一周都进行大量训练，就不可能再次填满肌糖原存储。实际上，"在肌糖原水平低的时候进行训练，在肌糖原水平高的时候进行比赛"的假设说明，在低肌糖原水平下进行训练的话，可能会加强某些训练适应性。这种理论尚未得到证实，而在支持该理论的研究中，只有一部分（并非全部）训练课程中运动员的碳水化合物摄入量比较低。但是，可能紧张训练安排的最好或最实用的方法是：在训练项目的重要训练课程中改进策略饮食，同时采用更轻松的方法来为低强度的运动提供能量。

> 对游泳运动员而言，在训练课程中定期或每天监控体液流失很有用，特别是在炎热环境下或高海拔地区进行大量训练的时候。

比赛中的营养问题

大部分优秀游泳运动员一年内会以最好的状态参加2~3次重要比赛。这包括在参加比赛之前明显地逐步减少训练，从而降低能量和燃料需求。减量训练增加了游泳运动员的"自由时间"，这也经常发生在运动员去比赛并且所处的环境发生变化的时候。游泳运动员需要遵循一个适当的饮食计划，该计划能够满足减量训练和比赛时真正的能量和燃料需求，并且让运动员在餐厅、酒店或寄宿家庭中吃饭时避免分心或诱惑。

> 在泳池旁边食用食物或零食来补充能量是很好的一件事情，这样能促进赛中和赛后快速恢复。通常情况下，依靠特定的运动食物比较实际，例如运动压缩干粮和立即可饮的液体食物补充剂。

通常情况下，比赛中需要的能量比运动中需要的能量少。但是，参加距离较长的赛事（400~1 500米）或参加含有多项赛事的同一项目的游泳运动员应该确保在训练间隙、热身赛和比赛之间，或比赛间隙补充充足的能量。在泳池旁边食用食物或零食来补充能量是很好的一件事情，这样能促进赛中和赛后快速恢复。每天的食物，例如水果、三明治、压缩干粮、风味酸奶和奶制品，能够提供用于恢复的蛋白质和碳水化合物。

通常情况下，依靠特定的运动食物比较实际，例如运动压缩干粮和立即可饮的液体食物补充剂。在顶级比赛之后，游泳运动员赛后会面临很多分心的事情，这会阻碍他们获取食物或食用正餐。这些分心之事包括媒体采访和需要为参加尿检而留取尿样。

尽管已经很好地制定了适当的零食和快速饮食计划，但游泳运动员可能发现在下一次比赛之前他们不得不牺牲珍贵的"睡眠时间"，这样他们才有时间实现自己的恢复营养目标。表2总结了一些解决训练和比赛营养问题的实际方法。

适用于游泳的补充剂和运动食物

与所有运动员一样，游泳运动员也对各种宣称能够提升表现的运动食物和补充剂困惑不已。市场上的众多产品中，有些能够为游泳运动员提供合法利益，要么有助于实现运动员的营养目标，要么直接提升表现和促进恢复。表3总结了这些产品和它们对游泳运动员的潜在效果。值得注意的是，即便食用这些补充剂和运动饮食有裨益，我们也得衡量产品花费和潜在的副作用。这包括有些人出现不良反应，或者食用受污染的补充剂而导致尿检结果呈阳性。通过在训练中试验这些产品以及只选择因严格质量控制而出名的公司的产品可以将这种风险降到最低。即便有科学支持，人们普遍认为不建议对儿童（例如不到18岁的游泳运动员）使用增补剂。

表1　　　　　　　　　　　**国际项目中的游泳赛事**

总结	赛事	世界级选手所需要的时间（min：s）
奥林匹克运动会项目中有26项赛事	50米 *自由泳，仰泳，[a]蛙泳，[a]蝶泳[a] 100	0:21~0:32
世界锦标赛项目中有32项赛事	*自由泳，仰泳，蛙泳，蝶泳 200米	0:47~0:68
	*自由泳，仰泳，蛙泳，蝶泳，个人混合泳 400米	1:44~2:26
含有预赛、半决赛和决赛50~200米的赛事	*自由泳，个人混合泳 800米	3:40~4:48
	*自由泳[b] 1 500米	7:39~8:40
	*自由泳[c]	14:34~17:30
含有预赛和决赛的400~1 500米和接力赛	接力赛 *4×100米自由泳，4×100米混合泳，4×200米自由泳	3:15~8:00

[a]奥林匹克运动会项目上没有；[b]奥林匹克运动会项目上只有女性能参加该赛；[c]奥林匹克运动会项目上只有男性能参加该赛事。

表2　　　　　　　　　　训练阶段游泳运动员面临的问题和解决方案

问题	解决方案
实现和保持理想的体重和身体成分	游泳运动员要经过多年的训练、成长和健康饮食才能达到理想的体形。游泳运动员和他们的教练应该长期进行调查，以便找到可以保持运动员健康、快乐和良好表现的体重和身体脂肪水平。特别是，游泳运动员应该学习调整他们的饮食摄入，以便满足不断变化的能量和碳水化合物需求。许多游泳运动员在减量训练、比赛和非赛季或受伤期间过度饮食，从或积累了一些不必要的身体脂肪
为训练提供充分的能量	游泳运动员应该根据自身训练项目的能量需求来摄入碳水化合物。也可以在大量训练期间通过饮食多摄入一些碳水化合物。围绕着训练课程制定饮食策略也有所帮助。这意味着在比赛前食用碳水化合物含量高的食物，在比赛的时候饮用运动饮料或凝胶，在训练后快速补充能量。让游泳运动员在所有训练课程中都使用这种能量预算是不实际的事情。但是，这种前瞻性的饮食可以集中用在每周的关键训练上
在同一天的2~3次训练课程之间进行恢复	快速食用关键营养物质能够促进有效的燃料补充、适应性和再水合。游泳运动员应该指定零食和正餐时机，以便在一周内的关键训练课程之后迅速补充碳水化合物和蛋白质
在减量训练和比赛期间摄入适当的能量和燃料	游泳运动员应该调整他们的食物摄入量和用于恢复的零食量，以便补充下降的能量和燃料需求。虽然比赛时保持充足的能量很重要，但是也很容易让饮食超过了实际的能量需求
在陌生的环境中参加最重要的比赛。自助餐厅，缺乏父母、家庭和教练的监管、国外烹饪问题都是高水平运动员面临的问题	游泳运动员应该确定外出比赛中面临的问题，包括难以在正确的时间得到重要的食物，自助餐厅的干扰，以及食物卫生问题。一个积极主动的计划包括从家里自带食物，无论公司或环境如何，要仔细满足个人需求。一个团队计划能够支持运动员实现他们的目标
同一比赛的不同赛事间或不同比赛间的恢复	很多游泳运动员会在单个赛事中参加许多比赛，或参加一系列的比赛，最后获取金牌。所有游泳运动员都应该制定一个计划来促进赛事之间的能量再生和补水。这包括考虑到会阻止你在关键时间拿到食物的障碍

表3 对游泳运动员有效果的运动食物和补充剂

	产品	评价
能够实现有记载的营养目标	运动饮料	• 在长时间运动中用于能量再生和再水合,在训练后再水合。含有一些电解质,有助于补充汗液流失和促进运动员自愿饮用液体
	运动凝胶	• 可在长时间运动中使用的方便且压缩的碳水化合物来源,特别是当液体需求不是很重要的时候,可以再生能量
	运动压缩干粮	• 是运动/比赛前/后零食中碳水化合物、蛋白质和微量元素的一种方便、便携和易于消化的来源,或者能够提供额外的能量
	液体食物补充剂	• 是运动/比赛前/后零食中碳水化合物、蛋白质和微量元素的一种方便来源,便携并易于消化 • 耐受良好的赛前或赛后零食 • 体积较小的能量、燃料和蛋白质来源,特别能够支持抗阻力训练项目或成长
	多种维生素和矿物质补充剂	• 对在外比赛的游泳运动员而言,当食物供给受限时,它们是多种微量营养物质的补充来源 • 长时间能量限制期间微量营养元素的补充来源(女性游泳运动员)
极具机能增进效果	咖啡因	在赛前摄入少量或者适度剂量(2~3毫克/千克)咖啡因就能提升比赛表现。但是需要进一步研究来调查可以用于哪些游泳赛事、使用的剂量和理论(例如赛前摄入咖啡因的时间)。应避免摄入大剂量的咖啡因,因为它会干扰睡眠,并且有可能在持续多天的比赛项目上对休息和恢复造成伤害
	碳酸氢钠或柠檬酸盐摄入	紧急使用碳酸氢钠或柠檬酸盐能够增加血液缓冲能力(例如,在赛前1~2小时摄入300毫克/千克 BM的碳酸氢钠或500毫克/千克 BM的柠檬酸盐),有助于增强200~800米游泳的运动表现。另外,长期摄入时可以在比赛前几天使用(例如在赛前连续5天每天摄入500毫克/千克碳酸氢钠),以便更持久地增加缓冲能力
	肌酸	研究表明,摄入肌酸有助于提升含有重复高强度运动且恢复时间较短的运动的表现。对游泳运动员而言,最可能的裨益就是增加间隔训练和抗阻力训练的输出。肌酸使用的经典原则:摄入剂量:连续5天保持20~30克多种剂量(例如4.5克),随后是2~5克/天的保持剂量。如果和富含碳水化合物的食物或零食一起食用,能够加强能量摄入

第25章

铁人三项运动

阿斯克·约肯德鲁普

　　铁人三项运动是由三种训练课程（游泳、自行车和跑步）组成的运动。通常情况下，比赛会持续50分钟（短距离）和8~16小时（铁人距离）。在短距离和长距离铁人三项运动中引起疲劳的原因是不同的，因此营养需求也不一样。但在大部分赛事中，脱水和碳水化合物消耗是引起疲劳的主要因素。

表1　　　　　　　　　　不同铁人三项运动及其比赛时间

赛事	典型时长
短距离铁人三项运动	50~90分钟
奥林匹克距离三项全能运	1小时50分钟~2小时30分钟
铁人70.3距离（或者半铁人距离）	3小时50分钟~6小时
铁人或相当的距离	8小时~16小时

铁人、铁人70.3和类似赛事中的训练营养

　　铁人三项运动提出一些营养问题。表2中列出了一些这样的问题，在铁人三项运动中，参与者要消耗8 000~11 000千卡的热量。在训练过程中，能量消耗也很大。通常情况下，根据训练强度和运动员的健康水平，训练需要500~900千卡的热量。这些能量必须得到补充。

> 虽然有些体重减轻（1~1.5L）没有问题，但是较大的体重减轻会影响心血管系统、降低运动能力，在极端环境下还会引起中暑。

　　碳水化合物是最主要的运动燃料，因此碳水化合物的优先级最高。在比赛当天，运动员不可能重新加满所有的能量，但是在大部分训练时间，这就不是问题。作为一个总体的指导方针，每天应至少摄入5克/千克体重的碳水化合物（一个体重为70千克的人需要摄入350克的碳水化合物）。如果训练时间更长，训练强度更大，就会使用越来越多的糖原。那么碳水化合物的摄入量就应该增加至每日7~8克/千克体重。这适用于连续几天每天训练3~4小时的运动员。在极端情况下，甚至推荐更高的碳水化合物摄入量。正常情况下，蛋白质的

需求是每日1克/千克体重。如果训练量增加，蛋白质的需求也会增加。但是，由于运动员吃得多，所以无论如何也能补偿所增加的能量消耗。蛋白质摄入会自动增加，这通常不是问题。只有在休息的时候会补偿脂肪摄入。例如，一位体重为70千克的运动员每天训练两个小时，消耗3 500千卡的热量，这就需要碳水化合物的摄入量为7克/千克体重或者摄入500克的碳水化合物。这一共是2 000千卡。蛋白质的摄入量大约为1.2克/千克体重或80克/天（320千卡）。大约需要110克脂肪就能补偿剩余的1 180千卡热量。如果不进行详细的营养分析，就难以知道运动员的饮食意味着什么。但是在通常情况下，饮食中会多包含一些碳水化合物，消减一些脂肪，从而实现这个目标。能量摄入进一步增加时，实际上饮食中就会包含更多的脂肪。

　　较高的训练量对体液平衡也有影响。人的出汗速度在每小时200~3 000毫升。虽然有些体重减轻（1~1.5升）没有问题，但是较大的体重减轻会影响心血管系统、降低运动能力，在极端环境下还会引起中暑。因此，运动员应该确保饮用充足的水分来预防较大的体重减轻。此外，通过在训练前后监控（裸体）体重来定期检查汗液流失并修正液体摄入量是明智的决定。通过定期监控体液流失，运动员可以很好地了解汗液流失情况，这也让运动员能很好地了解他们需要补充多少液体。水是用于补水的最好液体。但在通常情况下，运动员也想要满足其他需求（例如能量需求），含有碳水化合物的饮料可以一举两得。

© Asker Jeukendrup

比赛营养

在不同的训练和比赛中，大多数碳水化合物和液体的需求差别不是很大。赛前保持充足的碳水化合物存储和水合作用，以及比赛期间补充充分的碳水化合物和液体是至关重要的一件事。但值得注意的是，喝太多水会导致低钠血症（血钠过低）。

大部分在市场上可以买到的饮料都含有钠。研究已经证明钠有助于水吸收。这些饮料中含有的钠有助于补充汗水中流失的盐分，虽然大部分情况下补充这些盐分不那么重要。通常情况下，训练后有很多时间来补充盐分。但是极端条件下的铁人三项运动可能是个例外，因为较高的盐浓度（汗水中）和较高的流汗速度会导致身体盐分缺失。这么高的盐分流失速度会导致低钠血症，也可能导致肌肉痉挛。盐片可能在这些极端情况下会有所帮助。

> 通常情况下不需要盐片。但是在极端条件下进行的铁人三项运动可能是个例外，因为较高的盐浓度（汗水中）和较高的流汗速度会导致身体盐分缺失。

比赛中需要消耗的最佳液体量具有极高的个体差异性，这只能通过定期在训练前后监控体重来确定。以后也可能可以预测特定环境条件下和特定运动强度下体重减轻的情况。一旦计算好出汗速度，我们建议最小程度地减轻体重，并且根据出汗速度饮用相当的液体。

比赛中的碳水化合物摄入

在超过两小时的任何运动中，补充碳水化合物能够预防低血糖症并提升运动表现。通常情况下，我们建议每小时摄入高达 60~70 克碳水化合物。我们观察到摄入更多的碳水化合物也不会导致更高的氧化速度，多余的碳水化合物会在肠胃中积累。所以我们提出了这个建议。

但是，最近有研究证明每小时摄入 90 克碳水化合物混合物（葡萄糖＋果糖，麦芽糖糊精＋果糖）会提高氧化速度，减少疲劳和提升运动表现。与饮用单一葡萄糖饮料相比，饮用葡萄糖和果糖饮料也能促进胃排空和液体输送。因此我们建议参加铁人三项运动的运动员每小时摄入 90 克碳水化合物混合物（参见第 4 章）。这些碳水化合物可以是饮料、凝胶或固体形式的食物，取决于运动员的个人喜好和耐受度。

> 每小时摄入 90 克碳水化合物混合物（葡萄糖＋果糖，麦芽糖糊精＋果糖）会加快输送能量，减少疲劳和提升运动表现。与单一葡萄糖饮料相比，这些碳水化合物混合物也能促进胃排空和液体输送。

　　耐受度是一个重要问题，因为大部分参加铁人三项运动的运动员都会在比赛过程中有肠胃不适的症状。这些症状是由以下因素引起：比赛过程中饮用碳水化合物含量高的饮料或具有较高渗透压的饮料，在比赛当天或比赛前几天食用过多纤维和脂肪，或者偶尔饮用牛奶。当比赛过程中出现GI问题，如有必要，需降低运动强度。通常情况下，这也是控制GI问题的唯一方式。关于预防肠胃不适的更多建议，请参见第21章。

　　进行一些自行车训练来试验在比赛中要使用的营养策略。使用同样的产品、同样的摄入量（用于比赛的摄入量通常比用于训练的摄入量要高）来确定运动员对这些营养物质的耐受度。

© fotolia, JBPhotography

表2　　　　　　　铁人、铁人70.3和类似赛事的营养问题和解决方案

问题	解决方案
有充分的能量和水分开始比赛	在比赛前几天食用碳水化合物（>7克/千克体重），（但是也不要过度食用）并饮用大量液体
比赛中避免能量耗竭	每小时摄入60~90克碳水化合物。如果每小时摄入60克以上的碳水化合物，请确保摄入由葡萄糖和果糖或者麦芽精糊糖和果糖组成的碳水化合物混合物。研究证明与单一碳水化合物（葡萄糖）相比，每小时摄入90克有葡萄糖和果糖组成的碳水化合物混合物能更好地提升表现。这些碳水化合物可以是饮料、凝胶或能量棒的形式，取决于运动员的个人喜好和耐受度
比赛中避免脱水	预估一下出汗速度。可以通过在训练前后称体重并修正液体摄入量来预估出汗速度。尽量让液体流失不要超过2%的体重
比赛中避免肠胃不适	避免在比赛当天或比赛前几天食用纤维含量较高的饮食，避免在比赛期间食用脂肪含量较高的饮食，避免具有较高渗透压的饮料；避免脱水；如有必要可降低运动强度，因为这是控制肠胃不适的唯一方式
比赛中避免低钠血症	饮水量不要超过流失的汗水。选择含钠的饮料或凝胶和/在比赛中食用盐片（适量）
比赛中避免肌肉痉挛	引起肌肉痉挛的大部分原因尚不明确，而且具有较高的个体差异性。而且肌肉痉挛并非总是与营养有关系。有些人通过镁补充剂可以改善痉挛，但是相关证据不是很确切。值得注意的是盐分不平衡会引起肌肉痉挛。如果过多地摄入盐分，也会引起肌肉痉挛
在艰苦训练阶段消耗足够的碳水化合物	确保摄入较多的碳水化合物，并且如果训练负荷增加，就要提高碳水化合物的摄入量

短距离和奥林匹克距离

比赛距离较短且比赛强度较高时，上述一些建议依然适用。水合作用依然是一个重要的问题并且在比赛中摄入碳水化合物依旧会有所裨益。即使在比赛时间仅有1小时的赛事中，在比赛中摄入碳水化合物也会提升运动表现，虽然它们的作用机制完全不一样。研究表明，即使在比赛时间大约为1小时的赛事中只是用碳水化合物溶液漱口也会提升运动表现。所以，即使受试者在本次研究中没有吞咽饮料，因此也没有摄入任何碳水化合物，但饮料还是发挥作用了。最可能的解释是碳水化合物与口腔内的受体绑定在一起，这对大脑有某种程度的刺激作用（参见第18章）。

但是短距离/奥林匹克距离铁人三项运动中所需的碳水化合物量可能没有长距离铁人三项运动中所需的碳水化合物量大（参见表3）。

表3   **运动期间推荐的CHO摄入量**

运动期间的碳水化合物摄入		
短距离铁人三项运动	很少量CHO	*	*
奥林匹克距离铁人三项运动	少量的CHO	高达30克/小时	大部分的碳水化合物
半铁人距离铁人三项运动（铁人70.3）	适量CHO	高达60克/小时	能够快速氧化的碳水化合物
铁人三项运动或相等运动	大量CHO	高达90克/小时	摄入使用多种转运蛋白的CHO

第26章

冒险比赛和超级马拉松比赛

马克·塔诺波斯基

　　通常情况下，冒险比赛是由三个核心运动（跑步/徒步、划船和自行车赛）和航行组成的一项运动。冒险比赛的时长是4到10天（参见表1）。通常情况下，冒险比赛需要一些登山技巧，包括用绳索下降、向上攀登和速滑降。对距离较短的冒险比赛或超级运动的营养建议和对半铁人和铁人三项运动的建议一样，如果这两种赛事的持续时间和运动强度一样。在这种情况下，诸如充分补水、摄入碳水化合物（外因的和内生的）和避免低钠血症等因素非常重要（参见第25章）。

　　只有在一些无意（特别高的海拔）的和有意的（有目的）能量限制下，运动员才面临蛋白质摄入不充分的风险。

　　运动时间接近或超过24小时的时候，一些重要问题就显现出来，包括瞌睡、食物禁忌和喜好。在很多冒险比赛和一些超级跑运动中，由于低氧气含量造成的无氧效果，海拔成为一个独特的问题。运动员参加持续时间更长的赛事时，特别是该赛事没有拉来赞助时，运输系统也是一大难题。

表1　　　　　　　　　　　　**超耐力运动和冒险比赛举例**

赛事（举例）	典型持续时间
短跑冒险比赛，50千米，50英里（1英里约合1.61千米，余同）跑步	4~8小时
通宵冒险比赛（USARA锦标赛），100英里跑步（西方国家的耐力跑）	16~24小时
多天耐力赛事/阶段赛	3~14小时×2+天
持续的远征比赛	2~10天

冒险比赛选手和超级赛事运动员的习惯摄入量注意事项

　　假设赛事持续的时间相当长，大部分运动员每天至少训练两个小时，有些运动员每天甚至训练更长的时间。因此，确保摄入充分的能量是很重要的一件事。对大部分运动员而言，保持能量平衡不是一件特别困难的事情，因为下丘脑负责精确地管理能量摄入和能量消耗。但有时这种能量平衡也会被打乱，运动员会试着消耗太少的卡路里。在海拔超过

3 000米的地方，能量摄入就会降低，并且Operation Everest II研究已经清楚说明会出现低氧，而且所需的食物也不会减少。对那些在如此海拔高度进行集训的低地人来说，海拔的无氧影响是一个挑战，但是对于已经习惯居住在该海拔高度的人（因为很多优秀的超级运动员就生活在这种海拔高度）就不是问题。最大的日蛋白质需求是1.7克/千克体重。任何饮食能量充分且饮食平衡的运动员都能够获得足够的蛋白质来满足任何增加的需求。一项研究发现，在有意的（有目的）或无意的（特别高的海拔）能量限制阶段，运动员会面临蛋白质摄入不充分的风险。

人们普遍建议训练有素的耐力运动员要消耗大于7克/千克体重的蛋白质。虽然大部分男性和一些女性能够达到这种习以为常的饮食水平。但是最近一项关于冒险比赛惯用摄入量的研究发现，男性的平均摄入量是5.9克/千克体重。后面的摄入好像不够充分，因为运动员连续几天进行训练，特别是他们在一天中进行多项运动。我们建议在比赛前3~4天每天摄入的8~10克/千克体重碳水化合物，确保在比赛开始时有足够的糖原存储。虽然有些人认为在超级赛事之前补充糖原是不合理的事情，因为强度相对较低（在持续多天的比赛中平均为45%~65%的最大心率），但是随糖原一起补充的水分在暖和的气候里会有裨益。通常情况下，在强度相对较大的情况下开始比赛，如果起步较早，在心理上和策略上都会占据优势（例如第一个速滑或跨江的人）。

> 有些运动员发现钙−镁（如Rolaids）或者碳酸钙可以帮助最大限度减少肌肉痉挛，也能减少GI不适症状。

如果饮食平衡、多样且富有能量，大部分运动员都能摄入充足的维生素和矿物质。如果以上任一因素发生改变，就会存在大量/微量营养物质缺乏的风险。一项关于参加超级马拉松赛跑的运动员的研究发现，男性和女性能够满足政府关于维生素和矿物质的建议，但另一项关于冒险比赛的研究发现，有些男性没有充分地摄入镁、锌和钾，而女性没有充分摄入钙和维E。由于来例假和很少摄入具有生物可利用性的铁，女性面临更高的缺铁风险。我们不建议女性（或者男性）补铁，但是需要谨慎地评估铁存储情况，只有当铁存储不足的时候，才需要饮食或补充建议。虽然摄入钙不会提升运动表现，但对女性而言，每天摄入超过1 000毫克食物钙和1 000（IU·d^{-1}）的维生素D有助于防止骨质缺乏或骨质疏松（特别没有例假或者是食用低能量的饮食）。虽然没有资料证明，但大部分超级运动员每天摄入各种维生素、矿物质和抗氧化补充剂。因此，食用比政府所推荐水平稍高一点的、能够提供多种微量营养物质的饮食看起来没有任何坏处。但是，如果在训练中每天都摄入抗氧化剂会带来副作用。两项研究发现，在运动中抑制自由基生成会减弱内生适应性的一些信号。

表2　　　　　　　　　　针对超级运动员的赛前饮食实用建议

营养推荐	实用的技巧
赛前补水	• 持续补水直到尿液清澈
赛前3~4天补充碳水化合物（每日8~10克/千克体重）	• 食用各种意大利面、面包、水果、蔬菜和谷物食品
赛前3~4天补充更多的钠和钾，特别是在湿热环境下	• 使用盐瓶，吃水果、喝果汁，吃一些咸食物（马铃薯片、椒盐脆饼干）、比萨（低脂烘烤）
如果要喝酒，不要喝太多	• 浅尝辄止，在比赛前一夜，男性饮酒不超过2杯，女性饮酒不超过1杯
赛前不要改变熟悉的食物类型	• 在赛前3天避免尝试新食物 • 坚持食用以前试过的食物，不要让自己胃灼热或肠胃胀气
如果习惯喝咖啡，赛前不要忘记喝茶或咖啡	• 在比赛开始前一个小时，摄入3~6毫克/千克咖啡因（一杯咖啡含有125毫克咖啡因。一杯茶含有50毫克咖啡因）
在赛前1~3小时摄入碳水化合物含量高/纤维含量低的零食	• 在训练和比赛前试用不同的食物，了解哪种食物的耐受性最高，可能包括百吉饼、烤面包、水果、果汁和格兰诺拉燕麦饼

超级比赛前和比赛中的通用营养建议

在赛前3~4天，每天摄入>8克/千克体重的碳水化合物并充分补充液体是非常重要的事情。有些女性发现难以摄入>8克/千克体重的碳水化合物，并且在这一段时间可能必须增加能量摄入。在一场持续多天的比赛中，每次赛事结束后尽可能快地补充很多碳水化合物和一些蛋白质是特别重要的一件事，因为在比赛之前可能只有几个小时的时间，最大限度提高糖原合成非常重要。从能量摄入的角度来看，女性摄入至少400千卡/小时的能量而男性摄入至少600千卡/小时的能量是很合理的。尽管有最佳的实验方法，但很多研究确实证明，冒险比赛选手和多种运动员的体重确实在比赛过程中会减轻。这是内生油脂存储在多天赛事之后氧化速度更快的一个清楚表现。为了避免食物嫌弃（卡路里下降），食用运动员比较熟悉的食物是很重要的一件事情。由于对新食物缺乏适应性，所以新食物可能导致肠胃不适或者降低食物摄入量。去遥远的地方或国外参加比赛时，一个主要问题就是未污染食物和水的可用

> 从能量摄入的角度来看，女性摄入至少400千卡/小时的能量，而男性摄入至少600千卡/小时的能量是很合理的。

性，携带事先包好的食物和饮料（或安全消毒的方法）是非常重要的一件事。服用水杨酸亚铋是预防腹泻的一个手段。在去往腹泻高发地区参加比赛之前，要与医师谨慎讨论抗生素的使用。

冒险比赛选手和超级耐力运动员经常食用咖啡因。很多研究已经发现，在比赛前一个小时摄入1毫克/千克到6毫克/千克的咖啡因会增强运动员的耐力。对于习惯喝咖啡的运动员来说，找到可以在比赛中持续时间长达16小时的咖啡因来源是很重要的一件事，因为如果不摄入咖啡因，大部分运动员在此时会出现体力减退的症状。由于团队动力和目标是增加压力的来源，冒险比赛中会感到压力加大，从而导致头痛和过敏，这是十分麻烦的事情。对于那些不习惯咖啡因的运动员来说，在超级赛事中食用咖啡因也是很常见的，因为其出名的促进觉醒的特性在持续时间超过16小时的赛事中特别重要。

钙、镁、钾摄入量较低的运动员在冒险比赛和超级耐力赛事中比较担心的问题就是较高的肌肉痉挛发病率。虽然尚未完全证明在比赛中补充镁可预防肌肉痉挛，但至少已经确定的是每天的摄入量足以预防镁缺失的情况。假设比赛中的肌肉痉挛是由多种原因引起的，重要的是要意识到钠、钾、钙、镁的不平衡是一个诱因。有些运动员发现钙-镁（例如Rolaids）或碳酸钙（例如Tums）有助于在冒险比赛中将肌肉痉挛降到最低，而且还能减少肠胃不适。值得注意的是，摄入太多的镁会导致腹泻，摄入太多的钙会导致便秘。至于建议，"听从自己的身体"以及在训练和不重要比赛时通过试验发现什么才是最适合自己的，这才是很重要的事情。

最近，人们对钠的关注比较多，因为马拉松比赛中会出现低钠血症。大部分的研究发现，冒险比赛和超级耐力赛事中低钠血症（Na<135毫摩尔/升）的发病率小于5%。总之，那些在比赛中体重增加的运动员、不太健康的运动员，以及经常饮用低渗饮料的运动员（后两者通常不会出现在超级耐力赛事中），患上低钠血症的风险会增加。低钠血症是指钠的摄入和钠输出功能有问题。过量摄入低钠饮料（水、苏打汽水），而且容易出汗的运动员（衣服上有一层汗碱，晃人眼睛）更容易患上低钠血症。这就需要补充钠［药片、胶囊、食物（炸土豆条/椒盐脆饼干）］来预防在长时间比赛中出现低钠血症。

在持续24小时的比赛中，即使随身携带最少量的水也是不可能的。重要的是要仔细规划补给站，而且在检查站之间有大量的时间获取足够的液体。有很多案例表明，由于指向错误，使得一个4小时的徒步变成了一个16小时的梦魇。可能需要过滤水或其他的水净化措施。

另外，摄入过多的钠也会造成高钠血症。高钠血症不如低钠血症常见，但是体重减轻过多是一个诱因。在任何耐力运动中，补水是很重要的一个因素。铁人三项运动员提出的建议同超级耐力运动员也有关系（参见第25章）。此外，还有一些独特的问题要考虑。首先，在一个持续24小时的比赛中，即使随身携带最少量的补给（24千克）也是不可能的。重要的是要仔细规划补给站，而且在检查站之间有大量的时间获取足够的液体。有很多案例表明，由于指向错误，使得一个4小时的徒步变成了一个16小时的梦魇。

© fotolia, Jakub Cejpek

如果没有适当的替代物，需要有水过滤或水净化方法。重要的是选择过滤器来过滤当地固有的一些病原体（例如很好地过滤较大的生物体，如贾地虫属，但是不能过滤病毒）。值得注意的是，碘酒不适合大量饮用或长期饮用，而且味道难闻。关于液体摄入的其他问题包括在冬季隔离水管，防止水管上冻，设立一套与划船相适应的饮水系统（不用手），改变味道以便防止味觉疲惫。同样很重要的是，要携带多种含有不同蛋白质、碳水化合物和脂肪水平的食物。动物研究表明，在食用碳水化合物含量较高的食物后，它们更愿意食用脂肪和蛋白质含量高的食物；反之亦然。运动员只需要尽力在食用凝胶、运动饮料和其他富含碳水化合物的情况下完成这种持续多天的阶段赛就会体验到这种感觉。根据这些原则，人类口味就有高度差异性。适当做出一些改变来适应冒险比赛中个人或团队成员的口味也是很重要的一件事情。最后，重要的是为较长的徒步做准备的时候，应该考虑食物的适口性和无菌性。例如，用锡箔包裹的比萨不太适合8小时的徒步，因为比萨里的细菌会增多。同样，放在皮划艇或独木舟底层的未装入防水袋的食物，或者几个小时后融化的巧克力也不能食用。在寒冷天气中比赛时，任何硬的跟皮革似的能量棒应该提前切成小块，这样才能在口中暖化。

总之，我们不可能为冒险比赛和超级耐力比赛制定严格的规则。但是，遵循以上指导方针，同专家进行讨论，以及了解自身内部发挥作用的物质是成功营养学的关键。两个耐力比赛选手或任何两个其他运动选手的个人营养策略很有可能大不相同。

表 3　　　　　　　　　　**最大限度发挥液体和营养摄入的实用技巧**

液体/营养消耗的问题	推荐的解决方案
恶心	• 练习在训练时食用食物/补充液体 • 尝试碳酸钙、钙/镁、水杨酸亚铋或 H2 受体阻断剂 • 分多次小剂量食用食物或水
运动过程中进食/饮水	• 把凝胶粘在车把上 • 使用肩带帮助固定气囊/水管和瓶子 • 使用瓶装水或者在自行车把手上安装液体摄入系统 • 在 Velcro 口袋中装有 50~100 克的混合食物并绑在腰带或包装带上 • 将食物放在口袋或横袋的上方，在跑步中练习请他人帮助取下食物
冬季比赛	• 隔离水管 • 携带温水/热水（花费较长时间才能上冻） • 将能量棒分成小份并将他们放在 Ziplocs 袋子里 • 将食物放在衣服中间以便隔离 • 使用不含水的化学加热体来加热液体 • 用一个应急的不易碎的热水瓶盛热饮料（咖啡、茶水、Ribena 及其他） • 谨记水分流失可能依旧很高
水/食物无菌性	• 在每次使用前，为水瓶和水囊消毒，防止细菌滋生 • 在长时间比赛中了解水中的病原体并采用适当的过滤和净化措施 • 在大部分第三世界的国家不要饮用未经处理的水 • 携带一些事先包装好的食物去往国外 • 自行车水杯上使用拉盖的保护器 • 确保食物放在船的防水容器里
比赛中讨厌食物	• 混合蛋白质/脂肪/碳水化合物食物 • 在口袋里装有开胃菜和甜品，以便度过过渡期 • 在过渡期尝试热食 • 用碳酸饮料净化味觉 • 刷牙

第27章

团体运动

斯图尔特·菲利普斯

传统的运动生理学告诉我们，长跑运动员和自行车赛运动员需要担心糖原，中距离田径运动员需要担心乳酸盐，短跑运动员需要担心磷酸肌酸。但是在足球比赛、冰球运动或篮球运动中反复冲刺时，会发生什么？虽然我们对生理学和营养需求有了很好的了解，但是对于团体运动，我们在很多方面都不甚了解。例如，我们对以现场活动为主的团体运动的健康问题知之甚少。例如，重复冲刺能力（RSA）就是科学研究不太关注的一个领域。从以往观点来看，人们难以调查RSA的本质，因为运动员在以现场活动为主的团体运动中的行为具有不可预测性。

但是随着技术的发展，时间-运动分析让研究人员能够记录参加团体运动的运动员的详细运动模式。大体上而言，已经在比赛中使用时间-运动分析的研究指出，在以现场活动为主的团体运动中，冲刺的平均距离和时长分别是10~20米和2~3秒。虽然这些冲刺并不是特别长，但是如果重复进行，就会彻底改变燃料使用的模式。实际上，随着不断进行重复冲刺，运动员就转变为"耐力运动员"，他们对燃料的担忧和长跑运动员的担忧一样，需要补充更多碳水化合物。下面的图说明了以下几点：

- 细胞能源系统在第1、第3和第 n 个冲刺阶段燃烧最多的能量。随着不停地冲刺，运动员将从磷酸肌酸新陈代谢转到有氧碳水化合物新陈代谢——例如葡萄糖在整个氧化新陈代谢过程中燃烧，这和长跑运动员燃烧能量的机制一样。

> 与长期耐力赛事一样，在赛前、赛中和赛后恢复时最大限度提高碳水化合物摄入量可以支持RSA。

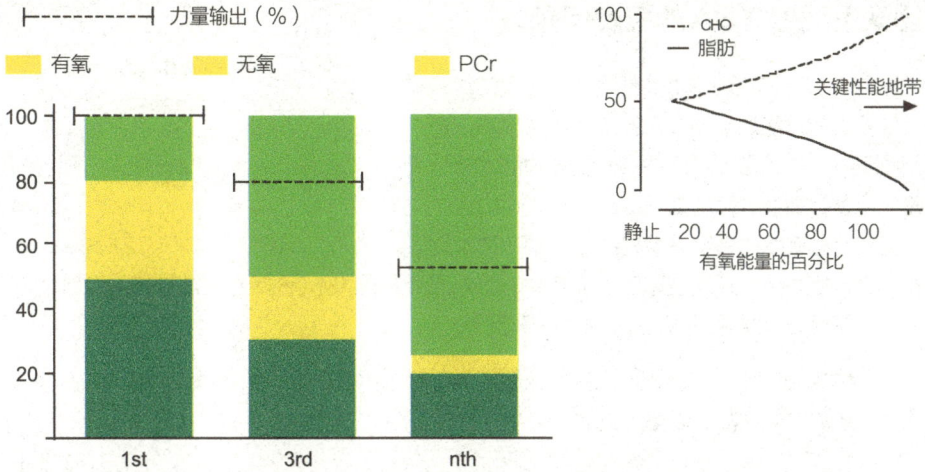

图1　主要部分：肌肉的燃料系统在比赛的第1、3和第n个冲刺阶段为我们提供能量。同时，每一次冲刺时的平均能量也以百分比的形式标出。插图：在不同运动强度下燃料利用率的平衡。

- 插图说明了我们在高强度运动中依赖的燃料——碳水化合物。实际上，运动员处于"关键性能地带"（CPZ）且在运动的所有阶段都要全力冲刺时，为了赢得比赛，碳水化合物就变得特别重要。

对足球、英式橄榄球、冰球和篮球的时间运动分析表明，运动员的运动距离为12千米（足球）、10千米（英式橄榄球）、4千米（冰球）、或2千米（篮球）。在这些运动中，最新的估计是，运动员可以在图1插图中所谓的CPZ（运动强度或运动幅度绝对大于80%的最大运动强度/幅度的区间）内使用30%（足球）、25%（英式橄榄球）、50%（冰球）和20%（篮球）的时间。需要强调的是，即使最复杂的时间–运动分析也会低估某种运动的能量需求。例如，边跑边运球肯定比只以同样的速度跑步所消耗的能量多。

© fotolia, PÉtur ¡sgeirsson

团队运动中RSA的营养问题

对参加团体运动的运动员而言，最大的营养问题和耐力田径运动员或自行车赛运动员的营养问题一样。这包括在训练中摄入充分的碳水化合物，以便提高表现来增强训练适应性；在比赛中补充充足的碳水化合物来保持血糖水平和提供燃料；在恢复阶段（从比赛和艰苦训练中）摄入充分的碳水化合物和蛋白质来促进肌糖原存储；以及修复/再平衡不断提高的蛋白质需求。

在团队运动中的关键时刻，运动强度会以接近或者有时超过100%最大的能量输出。在这些运动强度下，使用的燃料是碳水化合物。

同样重要的是，在训练、比赛和恢复期间确保液体摄入量，从而最大限度提高运动适应性、预防体能下降、恢复流失的水分（参见表1）。

表1　　　　　团体运动比赛中RSA的营养问题和解决方案

问题	解决方案
在比赛中提供燃料	• 尽力每小时摄入40g~60克碳水化合物。但需要注意的是，这种摄入量不适用高强度运动和田径运动 • 利用饮料、凝胶、食物以及任何喜欢的东西在训练课程中试验这些策略，确定哪种策略的效果最佳
脱水：没有什么比脱水能更快地影响运动表现	• 假设汗水流失速度至少是800毫升/小时，在炎热的环境中，速度提高1.5~2.5倍 • 根据环境条件补充水分——较湿热的环境需要补充更多水分 • 实现水分平衡——在比赛中没有净体重减轻（在训练中测试）
比赛中避免肌肉痉挛	• 诱因尚不明确。但有可能和离子不平衡有关：饮用含有钠（20毫摩尔）的液体
在艰苦训练阶段摄入充分的碳水化合物	• 确保食用碳水化合物含量高的饮食，随着训练强度增加，碳水化合物的含量也得增加：实现每天6~8克/千克体重的碳水化合物摄入量
摄入充分的蛋白质来促进恢复	• 在1小时内食用25克高质量蛋白质（牛奶、鸡蛋、低脂肉）的饮食，以便完成训练或比赛

很多针对进行模拟练习的足球运动员、冰球运动员、篮球运动员和橄榄球运动员的、以现场为主的研究表明，在赛前（赛前2~3天）摄入较多的碳水化合物会提升运动和运动特有的表现。

时间	食用的食物类型，食用的时间和食用的理由
赛前	<ul><li>为了"自动完成"糖原存储和预防饥饿，在赛前3小时进食</li><li>什么食物？ 60%碳水化合物（主要是淀粉和2~3克纤维），25%蛋白质和15%脂肪</li><li>面包、汤水、小份（3oz）瘦肉/鱼、蔬菜和/或沙拉，如果运动员喜欢，就一直吃</li><li>水或者等压的运动饮料，从而实现排尿（每20~30分钟排尿一次）且保持尿液清澈</li></ul>
赛中	<ul><li>在比赛或休息的时候补充等压的运动饮料，特别是在比赛周期或中场休息的时候</li><li>含淀粉或糖分的零食——竹芋饼干、水果</li></ul>
赛后	<ul><li>尽可能快地补充营养：再水合、再加燃料、恢复</li><li>饮用等压的运动饮料来补充所减轻的体重——赛后体重会发生变化</li><li>牛奶（特别是巧克力牛奶）——促进再水合并提供可加快恢复的蛋白质</li><li>面包、意大利面和米饭</li><li>苹果、橘子、香蕉——碳水化合物，一些纤维和维生素/矿物质</li><li>白软干酪、瘦肉、鸡蛋</li><li>所有以上建议必须和运动员的运动目标、经验和喜好相匹配</li></ul>

表2　　　　　　　　　　　　　团队运动饮食

对运动表现有帮助的补充剂

磷酸肌酸（PCr）主要是一种能量缓冲，用来在能量需求转变过程中（包括冲刺）防止ATP成分减少。正因为如此，用于增加PCr浓度的肌酸可以对RSA有一些助益，特别是肌酸促进恢复PCr水平（参见图1）。针对各项运动的模拟和实际的以现场活动为基础的研究已经证明，肌酸补充剂对RSA和一些运动特有的任务有裨益。但是也有证据表明，在赛前补充肌酸可能对某些参加跑步项目的运动员有反作用。补充肌酸（连续5天每天服用20~30克肌酸，分3~4次等量服用，然后再每天服用2~5克的保持剂量）会使体重增加1~2千克。体重增加会影响跑步效率和步法运动力学，这使得一些运动员更难以适应这些变化。

> 团队运动的准备工作包括队员的一致性和确定运动员的喜好。但是，最终这只关乎在赛前、赛中和赛后补充液体和碳水化合物。赛后也应当重点补充一些高质量的蛋白质。

　　咖啡因是一种增补剂，现在已经被移出大多数禁用物质名单。因此，很多运动员都喜欢使用咖啡因，包括那些涉及团队运动RSA的运动员。有大量数据证明，在赛前30~90分钟甚至在比赛期间（在极度疲劳之前）摄入1~5毫克/千克的咖啡因有助于提升运动表现，没有证据能够反驳这些事实也就不足为奇了。

　　很长时间以来，运动员就练习摄入碳酸氢钠或柠檬酸盐，因为众所周知，血液和肌肉的pH值会随着重复冲刺不断下降。因此，通过至少在赛前1~2小时补充碳酸氢钠（最有效的剂量是300毫克/千克）或柠檬酸盐（500毫克/千克）会加强血液缓冲能力。很多模仿比赛的研究证明，碳酸氢钠或柠檬酸盐会有效果，但是还需要进行更多运动特有的研究。此外，碳酸氢钠和柠檬酸盐也会引起大量的肠胃不适症状。但是，在高训练强度下长期补充碳酸氢钠会使运动员更加辛苦地进行训练，从而提高运动适应性。

© fotolia, Liv Friis-larsen

第28章

未来：个性化的营养和水合作用

特伦特·斯特林格沃尔夫博士——雀巢研究中心，瑞士

通常情况下，所有的宽泛建议都没有特别考虑到如何将这些建议应用到每个运动员身上。不能一概而论。个性化建议越来越成为一种趋势，而且这种方法肯定会成为运动营养学的未来。本书的最后一章概述了一些实用建议，从而为运动员定制和适当地调整和划分营养（按照每个训练阶段进行训练）以及补水建议。运动员应该和教练和/或运动科学家（营养师、营养学家、运动生理学家）一起使用这种个性化和系统化的方法。本章强调了所提出的一些关键营养和补水建议，接下来进一步讨论关于如何调整这些营养和补水建议，并将它们运用到运动员身上。

> 个性化建议越来越成为一种趋势，而且这种方法肯定会成为运动营养学的未来。

实施和试验新的干预措施

每次重大赛事之前试验和模拟（练习）所有新建议（后勤、环境、营养等）很重要。即使一些最能被科学所接受的干预措施（例如在耐力赛事之前补充糖原）也需要单独进行调整并进行试验，以便获得最大的成功。图1概括了每次使用新干预措施时应该使用的决策表。虽然该决策表非常简单且易于理解，但实际上它也警示有多少运动员和教练在重大比赛之前没有完全表现出对新干预措施的个人运动反应。假设所有可能存在的结果都会使运动员完全信任他们独一无二的个性化方法，这种方法就能帮助运动员在锦标赛中发挥他们最佳的运动表现。

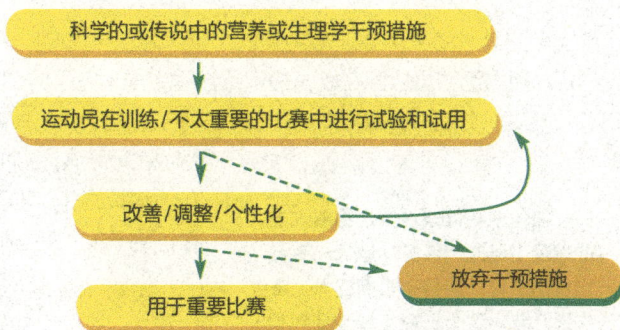

图1 实施新干预措施时的决策图

个性化并追踪恢复和适应性

通过个性化营养建议和方案来优化恢复可以对运动员的训练负荷、训练质量以及最终的运动表现带来重大影响。参加多项运动的运动员都使用过非常多的运动刺激物。因此，由于之前的运动模式、运动强度、运动时长不一样，紧急的恢复营养建议也不一样（要想了解更多关于个性化恢复方法的信息，请参见第17章~第22章）。

通过基于问题的调查问卷来追踪一段时间内营养和训练干预措施的有效性，或者确定运动员面临过度拉伸或过度训练的风险是一个简单的方法。我们提供了3种已制定并且经过科学验证的调查问卷：

- DALDA——对运动员的生命需求进行日常分析。这是一页纸的调查问卷，包含34个问题分析，可以每天用来追踪运动员的训练压力和生活压力［卢莎（Rushall），1990］。
- TQR——总质量恢复。总质量恢复（TQR）是一种概念，它将每天的恢复看作是处理和恢复措施以及运动员对恢复有何认知的综合体。它让教练和运动员可以简单地检查会导致TQR的一些因素。如果没有预期恢复得那么好，可以很容易找到原因［肯尼塔（Kenntta）和哈桑（Hassmen），1980］。
- POMS——心境量表。心境量表（POMS）是运动心理学家非常认可的一种工具。运动心理学家使用心境量表来对比出名和不出名运动员的一般情绪，从而确定过度运动和过度训练的症状［摩根（Morgan），1980］。

总之，这些方法和工具可以让教练/营养学家为运动员提供更为个性化的恢复方法。优秀的运动员需要高度监控营养、训练和比赛的交互作用，并持续对它们进行改变和个性化处理。

在耐力训练阶段最大限度提高有氧和脂肪新陈代谢

当前的碳水化合物（CHO）建议主张，为了确保在糖原补充或储备的状态下进行后续训练，耐力运动员应该在较长的训练过程中摄入充足的CHO，并且在比赛后尽快补充CHO。但是，来自专业自行车运动员和东非长跑运动员的报告指出，有些运动员故意周期性地在糖原消耗或断食/只饮用水的情况下进行运动，从而试图"强迫肌肉适应下一个水平"。第10章讨论了有关在低肌糖原水平下进行训练的建议。

> 关于如何在降低碳水化合物摄入量的情况下通过训练最好地优化有氧和脂肪氧化，还留有很多问题。在未来几年，这个研究领域会受到很多关注。

断食训练是增加有氧训练适应性的另一种可行方法。从生理学方面看，斋戒训练和低糖原训练不一样。因此，最近另外一项研究通过让运动员连续6周每周3天进行1~2小时的训练来调查脂肪新陈代谢和有氧肌肉活动的作用，并且让运动员在一晚上禁食后只摄入CHO或水分（在训练期间）。有趣的是，6周后对断食训练小组而言，用于脂肪氧化的蛋白质增加了，但运动表现却没有提升。假设这个领域的研究还很不成熟，关于如何在不摄入碳水化合物的情况下通过训练最好地优化有氧和脂肪氧化，还留有很多问题。

以下是当前关于通过糖原和/或断食训练来为每位运动员量身定制训练方法的一些建议。

- 只适用于测试跑步时间超过30分钟的运动员。

- 在总体计划阶段，每7~10天进行一到两次断食或低糖原训练。

- 对斋戒训练而言，早上的第一件事情就是训练。只携带水（或少量的食物）就直接出门。

- 对斋戒训练而言，逐渐增加训练强度，一开始至少是60分钟，几周/几个月后介入一些极限（非速度）工作。随着时间的发展，运动员能够在完全不进食的情况下进行1小时45分钟的跑步和超过3小时的自行车运动。

- 对低糖原训练而言，对训练进行阶段划分，这样就可以在高糖原水平（确保高质量训练）下完成速度工作，在低糖原水平下（定期地）完成较长的亚阈值训练（如需更多信息，请参见第10章）。

- 一开始在不太重要的比赛前几个月就开始练习这些营养/训练技巧，不要在重大比赛之前进行练习。

- 这些训练技巧是另一种对训练进行"猛烈"刺激的方式，但我们应该知道，这都是关于分解代谢的。应当严密监控训练需求，并重点关注恢复和体重管理（不要减轻太多的体重）虽然重点应该放在立即恢复上，但在下一次训练前，应该多一点恢复时间。

- 在比赛阶段停止使用所有方法，或者每周只进行一次斋戒/低糖原训练。

关于运动员应该在补充充足的外生的（碳水化合物饮料、赛前饮食）和内生CHO的情况下全力进行训练的观点，这些最近新出现的科学发现为其带来了某种程度的不确定性。尽管实际上这些训练方式都有生理和心理上的问题，但也许运动员需要实现糖原存储和进行斋戒训练的定期循环，以便在耐力训练阶段最大限度提高这些方法带来的利益。但是与标准的训练方法相比，这种营养训练是否真的能显著提升训练的运动表现还有待确定。

追踪补水情况并个性化液体与能量摄入和步速目标

在长时间耐力运动中补充CHO能够提升运动表现（参见第4章）。但是，碳水化合物运动饮料满足耐力运动员的两种生理需求：①提供液体和②提供能量/燃料。我们需要预测所有的燃料和补水场景（例如预测比赛的天气状况）以及通过运动饮料、凝胶和能量棒来练习补充水分，从而找到运动员的个人耐受程度。

> 需要通过使用运动饮料、凝胶和能量棒以及补充水分来练习所有燃料和补水策略，以便找到运动员的个人耐受程度。

2007美国运动医学会最近关于液体摄入的态度说明，需要根据个人的出汗速度来指定液体摄入建议（索卡等，2007）。研究已经明确指出，出汗速度以及液体和能量摄入耐受度具有高度个体差异性。也存在能够提升运动表现的最佳液体和CHO摄入量，但是相反，过度摄入液体和能量也会导致肠胃不适并影响运动表现。假设每位运动员都有他自己的临界点，确定最大限度提高运动表现所需的独特且适当的平衡是很有裨益的一件事（参见第21章）。因此，实际上讲，在重大耐力比赛的前4~8周，应当鼓励运动员在每次长时间训练过程中追踪和记录他们在所预测的比赛天气状况下个人的出汗速度以及能量和液体耐受度。通过测量赛前和赛后的体重（磅）和增加液体摄入量（夸脱），运动员可以学会如何定制他们比赛当天的液体和能量摄入量。

下面是预防在某种特定天气情况下减轻3%体重而预估的每小时液体摄入量的一个实际举例。一些参加2008年北京奥林匹克运动会的运动员在一些训练课程和比赛中补水和出汗速度（参见表1）。

表1　在训练营和北京奥林匹克运动会决赛期间计算的出汗速度和液体摄入速度

参数		新加坡训练营		北京奥林匹克运动会决赛
		训练 #1 8月10日	训练 #2 8月12日	8月22日
天气	温度（℃）	32℃	28℃	29℃
	湿度（%）	84%	86%	55%
	湿润指数	48	40	36
赛前体重（千克）		68.1千克	68.1千克	67.7千克
赛后体重（千克）		64.1千克	66.7千克	65.9千克
（体重减轻百分比）		（5.9%）	（2.1%）	（2.6%）
体重变化		4.0千克 +	1.4千克 +	1.8千克 +
总液体摄入（升）		1.9升	2.4升	4.7升
总液体流通（升或千克）		5.9升 /	3.8升 /	6.5升 /
运动时长（小时）		3小时	2.25小时	4.1小时
出汗速度（毫升/小时）*		2 000毫升/小时	1 700毫升/小时	1 600毫升/小时
实际液体摄入速度（毫升/小时）		630毫升/小时	1 070毫升/小时	1 140毫升/小时
为预防减轻超过3%的体重而计算出的液体摄入速度		1 270毫升/小时	760毫升/小时	1 020毫升/小时

*尿液流失不计入出汗速度。1升水=1千克；BW：体重　Temp：温度

通过在奥林匹克比赛前4~6周重复收集出汗速度和液体以及碳水化合物摄入速度，并考虑对GI以及液体和碳水化合物摄入量的耐受度的定性反馈，为运动员指定个性化的水合和能量计划。在比赛当天极其艰苦的环境下顺利实施了该计划。

肠胃适应

大量趣闻轶事一样的报告表明，可以训练运动员的个人肠道并使它能够处理在运动中摄入的大量CHO和液体，这就提供了更多理由来说明，在训练和比赛情况下记录和评估不同营养干预的必要性（如需更多信息，请参见第21章）。结果是，最近发布的数据建议，可以优化并适应对摄入大量CHO的肠胃的耐受度，虽然最后的数量看起来非常具有个体差异性（约肯德鲁普，2004）。因此，在比赛之前，以及重大比赛前的2~4周，应该鼓励运动员在长期训练课程中持续摄入液体和CHO，以便很好地适应比赛当天含有CHO的运动饮料。最近发布的数据建议，不仅通过重复练习可以提高液体耐受水平，而且通过连续几周摄入CHO也能上调和增加肠胃CHO转运蛋白，即使是在啮合模式。假设大部分目前有限的关于肠胃适应和CHO肠胃转运蛋白的机械数据是来自啮合研究。耐力运动员的肠胃适应看上去是为后期科学研究做好了准备。

何时寻求专家建议

总之，只要运动员坚持健康和均衡的饮食，并注意营养恢复，以及在训练后得到充分休息和恢复，那么通常情况下不需要特别专业的营养建议。几乎大部分运动员需要的所有饮食建议都可以在这本书中找到。但是，对于一些优秀运动员和一小部分其他的人来说，也会有特别的情况需要由有资质和经验的运动营养学专业人来进行恰当的处理。下面重点强调了一些可能需要专家意见的情况：

- 每天艰苦训练的时候，是否一直感觉很疲惫？

- 是否经常筋疲力尽和生病（免疫功能下降）？

- 是否在训练中或下午训练中没有精神，感到头昏眼花或浑身没劲？

- 在训练期间，是否体重波动较大（减轻或增加大于5%的体重）？

- 是否艰难地以一种健康的方式保持瘦削的体形？

- 是否在某些情况下有缺铁的状况？

- （对女性运动员而言）是否在长达连续三四个月的时间内闭经（没有月经周期）？

- 在艰苦训练或比赛后，是否连续几天肌肉很酸痛？

小结

对优秀运动员而言，需要教练、运动员和营养学专家仔细制定一个综合的、长期的营养和训练交互方法。在整个训练期间划分营养摄入阶段的观点也没有得到系统的理解（斯特林格沃尔夫等，2006）。将来的研究应该着手将实际的营养和训练建议融合成一个针对运动员的、划分为多个阶段的个性化方法。现在出现的营养和训练方法，例如低糖原训练和斋戒训练，没有否定良好整体训练营养的重要性。相反，它们更关注对训练课程和所期望的生理适应性的训练和营养交互作用进行智能的划分。在比赛之前试验和模拟所规划好的干预措施。希望所有结果都能使运动员充分相信他们独特的个性化方法，这有助于他们在锦标赛中发挥最好的表现。

参考文献

第1章

Dill, Edwards & Talbott (1932). Factors limiting the capacity for work. *J Physiol*, 49-62.

Larrabee (1902). Leucocytosis after violent exercise. *J Med Research*, 7, 76-82.

Levine, Gordon & Derick (1924). Some changes in chemical constituents of blood following a marathon race. *JAMA*, 82, 1778-1779.

Mottram (1988). *Drugs in sport*. Champaign, IL: Human Kinetics.

Carpenter (1931). The fuel of muscular activity in man. *J Nutr*, 4, 281-304.

Terlung & Horton (Eds.). (1988). Exercise, Nutrition and Energy Metabolism. New York: MacMillan.

第2章

Burke, Cox, Cummings & Desbrow (2001). Guidelines for daily carbohydrate intake: do athletes achieve them? *Sports Med*, 31, 267-299

Burke, Slater, Broad, Haulka, Modulon & Hopkins (2003). Eating patterns and meal frequency of elite Australian athletes. *Int. J. Sports Nutr. Exerc. Metab*, 13, 1-19.

Saris, Van Erp-Baart, Brouns, Westerterp & Ten Hoor (1989). Study on food intake and energy expenditure during extreme sustained exercise: the Tour de France. *Int. J. Sports Med*, 10, 26-31.

第3章

Achten & Jeukendrup (2003). Effects of pre-exercise ingestion of carbohydrate on glycaemic and insulinaemic responses during subsequent exercise at differing intensities. *Eur J Appl Physiol*, 88(4-5), 466-471.

Balsom, Wood, Olsson & Ekblom (1999). Carbohydrate intake and multiple sprint sports: with special reference to football (soccer). *Int J Sports Med*, 20(1), 48-52.

Bangsbo, Nørregaard & Thorsøe (1992). The effect of carbohydrate diet on intermittent exercise performance. *Int J Sports Med*, 13(2), 152-157.

Casey, Mann, Banister, Fox, Morris, Macdonald, et al. (2000). Effect of carbohydrate ingestion on glycogen resynthesis in human liver and skeletal muscle, measured by (13)C MRS. *Am J Physiol Endocrinol Metab*, 278(1), E65-75.

Chryssanthopoulos, Hennessy & Williams (1994). The influence of pre-exercise glucose ingestion on endurance running capacity. *Br J Sports Med*, 28(2), 105-109.

Fallowfield, Williams & Singh (1995). The influence of ingesting a carbohydrate-electrolyte beverage during 4 hours of recovery on subsequent endurance capacity. *Int J Sport Nutr*, 5(4), 285-299.

Jentjens, Cale, Gutch & Jeukendrup (2003). The effects of different amounts of pre-exercise carbohydrate feeding on metabolism and cycling performance. *Eur J Appl Physiol*. 88: 444-52.

Jentjens & Jeukendrup (2002b). Prevalence of hypoglycemia following pre-exercise carbohydrate ingestion is not accompanied by higher insulin sensitivity. *Int J Sport Nutr Exerc Metab*, 12(4), 398-413.

Jentjens & Jeukendrup (2003). Effects of pre-exercise ingestion of trehalose, galactose and glucose on subsequent metabolism and cycling performance. *Eur J Appl Physiol*, 88(4-5), 459-465.

Montain, Hopper, Coggan & Coyle (1991). Exercise metabolism at different time intervals after a meal. *J Appl Physiol*, 70(2), 882-888.

Moseley, Lancaster & Jeukendrup (2003). Effects of timing of pre-exercise ingestion of carbohydrate on subsequent metabolism and cycling performance. *Eur J Appl Physiol*, 88(4-5), 453-458.

Nicholas, Green, Hawkins & Williams (1997). Carbohydrate intake and recovery of intermittent running capacity. *Int J Sport Nutr*, 7, 251-260.

Wee, Williams, Gray & Horabin (1999). Influence of high and low glycemic index meals on endurance running capacity. *Med Sci Sports Exerc*, 31(3), 393-399.

Wright, Sherman & Dernbach (1991). Carbohydrate feedings before, during, or in combinatio improve cycling endurance performance. *J Appl Physiol*, 71(3), 1082-1088.

第4章

Carter, Jeukendrup, Mundel & Jones (2003). Carbohydrate supplementation improves moderate and high-intensity exercise in the heat. *Pflugers Arch*, 446(2), 211-219.

Currell, Conway & Jeukendrup (2009). Carbohydrate ingestion improves performance of a new reliable test of soccer performance. *Int J Sport Nutr Exerc Metab*, 19(1), 34-46.

Currell & Jeukendrup (2008). Superior endurance performance with ingestion of multiple transportable carbohydrates. *Med Sci Sports Exerc*, 40(2), 275-281.

Jeukendrup & Jentjens (2000). Oxidation of carbohydrate feedings during prolonged exercise: current thoughts, guidelines and directions for future research. *Sports Med*, 29, 407-424.

Jeukendrup (2004). Carbohydrate intake during exercise and performance. *Nutrition*, 20(7-8), 669-677.

Jeukendrup, Jentjens & Moseley (2005). Nutritional considerations in triathlon. *Sports Med*, 35(2), 163-181.

第5章

Currell & Jeukendrup (2008). Superior endurance performance with ingestion of multiple transportable carbohydrates. *Med Sci Sports Exerc*, 40(2), 275-281.

Jeukendrup & Moseley (Epub DOI: 10.1111/j.1600-0838.2008.00862.x). Multiple transportable carbohydrates enhance gastric emptying and fluid delivery. *Scand J Med Sci Sports*.

Jeukendrup, Moseley, Mainwaring, Samuels, Perry & Mann (2006). Exogenous carbohydrate oxidation during ultraendurance exercise. *J Appl Physiol*, 100(4), 1134-1141.

Noakes (2007a). Drinking guidelines for exercise: what evidence is there that athletes should drink "as much as tolerable" , "to replace the weight lost during exercise" or "ad libitum" ? *J Sports Sci*, 25(7), 781-796.

Noakes (2007b). Hydration in the marathon: using thirst to gauge safe fluid replacement. *Sports Med*, 37(4-5), 463-466.

Sawka, Burke, Eichner, Maughan, Montain & Stachenfeld (2007a). American College of Sports Medicine position stand. Exercise and fluid replacement. *Med Sci Sports Exerc*, 39(2), 377-390.

Sawka & Noakes (2007b). Does dehydration impair exercise performance? *Med Sci Sports Exerc*, 39(8), 1209-1217.

第6章

Achten & Jeukendrup (2003a). The effect of pre-exercise carbohydrate feedings on the intensity that elicits maximal fat oxidation. *J Sports Sci*, 21(12), 1017-1024.

Achten & Jeukendrup (2003b). Maximal fat oxidation during exercise in trained men. *Int J Sports Med*, 24(8), 603-608.

Achten, Venables & Jeukendrup (2003c). Fat oxidation rates are higher during running compared with cycling over a wide range of intensities. *Metabolism*, 52(6), 747-752.

Astrup (1993). Dietary composition, substrate balances and body fat in subjects with a predisposition to obesity. *Int J Obes Relat Metab Disord*, 17 Suppl 3, 32-36; discussion 41-32.

De Bock, Derave, Eijnde, Hesselink, Koninckx, Rose, et al. (2008). Effect of training in the fasted state on metabolic responses during exercise with carbohydrate intake. *J Appl Physiol*, 104(4), 1045-1055.

Holloszy & Coyle (1984). Adaptations of skeletal muscle to endurance exercise and their metabolic consequences. *J Appl Physiol*, 56(4), 831-838.

Jeukendrup & Aldred (2004). Fat supplementation, health, and endurance performance. *Nutrition*, 20(7-8), 678-688.

Jeukendrup & Wallis (2005). Measurement of substrate oxidation during exercise by means of gas exchange measurements. *Int J Sports Med*, 26 Suppl 1, 28-37.

Venables, Achten & Jeukendrup (2005). Determinants of fat oxidation during exercise in healthy men and women: a cross-sectional study. *J Appl Physiol*, 98(1), 160–167.

Venables, Hulston, Cox & Jeukendrup (2008). Green tea extract ingestion, fat oxidation, and glucose tolerance in healthy humans. *Am J Clin Nutr*, 87(3), 778–784.

第7章

Burke (2007). *Practical Sports Nutrition*. Champaign, IL: Human Kinetics.

Burke, Kiens, Ivy (2004). Carbohydrates and fat for training and recovery. *J Sports Sci*, 22(1), 15–30.

Shirreffs, Armstrong, Cheuvront (2004). Fluid and electrolyte needs for preparation and recovery from training and competition. *J Sports Sci*, 22(1), 57–63.

第8章

Afaghi, O' Connor, et al. (2007). High-glycemic-index carbohydrate meals shorten sleep onset. *Am J Clin Nutr*, 85(2), 426–430.

Arnulf, Quintin, et al. (2002). Mid-morning tryptophan depletion delays REM sleep onset in healthy subjects. *Neuropsychopharmacology*, 27(5), 843–851.

Atkinson, Drust, et al. (2003). The relevance of melatonin to sports medicine and science. *Sports Med*, 33(11), 809–831.

Bent, Padula, et al. (2006). Valerian for sleep: a systematic review and meta-analysis. *Am J Med*, 119(12), 1005–1012.

Hartmann (1982). Effects of L-tryptophan on sleepiness and on sleep. *J Psychiatr Res*, 17(2), 107–113.

Horne & Shackell (1987). Slow wave sleep elevations after body heating: proximity to sleep and effects of aspirin. *Sleep*, 10(4), 383–392.

Postolache & Oren (2005). Circadian phase shifting, alerting, and antidepressant effects of bright light treatment. *Clin Sports Med*, 24(2), 381–413, xii.

Reilly & Deykin (1983). Effects of partial sleep loss on subjective states, psychomotor and physical performance tests. *Journal of Human Movement Studies*, 9, 157–170.

Reilly & Edwards (2007). Altered sleep-wake cycles and physical performance in athletes. *Physiol Behav*, 90(2–3), 274–284.

Roky, Chapotot, et al. (2001). Sleep during Ramadan intermittent fasting. *J Sleep Res*, 10(4), 319–327.

Rundell, Lester, et al. (1972). Alcohol and sleep in young adults. *Psychopharmacologia*, 26(3), 201–218.

Sinnerton & Reilly (1992). Effects of sleep loss and time of day in swimmers. In D. Maclaren, T. Reilly & A. Lees (Eds.), *Biomechanics and medicine in swimming: Swimming Science IV* (pp. 399–405). London: Routledge.

Sung & Tochihara (2000). Effects of bathing and hot footbath on sleep in winter. *J Physiol Anthropol Appl Human Sci*, 19(1), 21-27.

第9章

Hartman, Tang, Wilkinson, Tarnopolsky, Lawrence, Fullerton, et al. (2007). Consumption of fatfree fluid milk after resistance exercise promotes greater lean mass accretion than does consumption of soy or carbohydrate in young, novice, male weightlifters. *Am J Clin Nutr*, 86(2), 373-381.

Kreider (1999). Dietary supplements and the promotion of muscle growth with resistance exercise. *Sports Med*, 27(2), 97-110.

Phillips (2006). Dietary protein for athletes: from requirements to metabolic advantage. *Appl Physiol Nutr Metab*, 31(6), 647-654.

Phillips (2004). Protein requirements and supplementation in strength sports. *Nutrition*, 20(7-8), 689-695.

Rowlands & Thomson (2009). Effects of beta-hydroxy-beta-methylbutyrate supplementation during resistance training on strength, body composition, and muscle damage in trained and untrained young men: a meta-analysis. *J Strength Cond Res*, 23(3), 836-846.

Tang, Moore, Kujbida, Tarnopolsky & Phillips (2009). Ingestion of whey hydrolysate, casein, or soy protein isolate: effects on mixed muscle protein synthesis at rest and following resistance exercise in young men. *J Appl Physiol,* 107(3), 987-992.

Tang & Phillips (2009). Maximizing muscle protein anabolism: the role of protein quality. *Curr Opin Clin Nutr Metab Care*, 12(1), 66-71.

Tarnopolsky (2004). Protein requirements for endurance athletes. *Nutrition*, 20(7-8), 662-668.

Tarnopolsky, Parise, Yardley, Ballantyne, Olatinji & Phillips (2001). Creatine-dextrose and protein-dextrose induce similar strength gains during training. *Med Sci Sports Exerc*, 33(12), 2044-2052.

Tarnopolsky, Bosman, Macdonald, Vandeputte, Martin, Roy (1997). Postexercise proteincarbohydrate and carbohydrate supplements increase muscle glycogen in men and women. *J Appl Physiol*, 83(6), 1877-1883.

Wilkinson, Tarnopolsky, Macdonald, Macdonald, Armstrong, Phillips (2007). Consumption of fluid skim milk promotes greater muscle protein accretion after resistance exercise than does consumption of an isonitrogenous and isoenergetic soy-protein beverage. *Am J Clin Nutr*, 85(4), 1031-1040.

第10章

Bergstrom, Hermansen, Hultman & Saltin (1967). Diet, muscle glycogen and physical performance. *Acta Physiol Scand*, 71, 140-150.

Bergstrom & Hultman (1966). The effect of exercise on muscle glycogen and electrolytes in normals. *Scand J Clin Lab Invest*, 18, 16-20

Bergstrom & Hultman (1967a). A study of the glycogen metabolism during exercise in man. *Scand J Clin Lab Invest*, 19, 218-228.

Bergstrom & Hultman (1967b). Synthesis of muscle glycogen in man after glucose and fructose infusion. *Acta Med Scand*, 182, 93-107.

Bernard (1858). Nouvelles recherches expérimentales sur les phénomènes glycogeniques du foie. *Comptes rendus de la Société de biologie*, 2, 1-7.

Blomstrand & Saltin (1999). Effect of muscle glycogen on glucose, lactate and amino acid metabolism during exercise and recovery in human subjects. *J Physiol*, 514 (Pt 1), 293-302.

Hansen, Fischer, Plomgaard, Andersen, Saltin & Pedersen (2005). Skeletal muscle adaptation: training twice every second day vs. training once daily. *J Appl Physiol*, 98, 93-99

Hultman & Bergstrom (1967). Muscle glycogen synthesis in relation to diet studied in normal subjects. *Acta Med Scand*, 182, 109-117.

Narkar, Downes, Yu, Embler, Wang, Banayo, et al. (2008). AMPK and PPARdelta agonists are exercise mimetics. *Cell*, 134, 405-415.

Steensberg, Van Hall, Keller, Osada, Schjerling, Pedersen, et al. (2002). Muscle glycogen content and glucose uptake during exercise in humans: influence of prior exercise and dietary manipulation. *J Physiol*, 541, 273-281.

Young (1957). Claude Bernard and the discovery of glycogen; a century of retrospect. *Br Med J*, 1, 1431-1437.

第11章

Tipton & Witard (2007). Protein requirements and recommendations for athletes: Relevance of ivory tower arguments for practical recommendations. *Clinics in Sports Medicine*, 26(1), 17-36

Hawley, Tipton & Millard-Stafford (2006). Promoting training adaptations through nutritional interventions. *J. Sports Sci*, 24, 709-721

Tipton & Sharp (2005). The response of intracellular signaling and muscle protein metabolism to nutrition and exercise. *Eur. J. Sports Sci*, 5, 107-121.

Tipton & Wolfe (2004). Protein and amino acids for athletes. *J. Sports Sci*, 22(1), 65-79.

第12章

Currell & Jeukendrup (2008). Superior endurance performance with ingestion of multiple transportable carbohydrates. *Med Sci Sports Exerc*, 40, 275-281.

Jentjens & Jeukendrup (2005). High rates of exogenous carbohydrate oxidation from a mixture of glucose and fructose ingested during prolonged cycling exercise. *Br J Nutr*, 93, 485–492.

Jeukendrup (2008). Carbohydrate feeding during exercise. *European Journal of Sport Science*, 8, 77–86.

Jeukendrup & Moseley (Epub DOI: 10.1111/j.1600-0838.2008.00862.x). Multiple transportable carbohydrates enhance gastric emptying and fluid delivery. *Scand J Med Sci Sports*.

Rowlands, Wallis, Shaw, Jentjens & Jeukendrup (2005). Glucose polymer molecular weight does not affect exogenous carbohydrate oxidation. *Med Sci Sports Exerc*, 37, 1510–1516.

第13章

American College of Sports Medicine (ACSM) (2007). Position stand: exercise and fluid replacement. *Med Sci Sports Exerc*, 39, 377–390.

Braun, Koehler, Geyer, Kleinert, Mester & Schaenzer (2009). Dietary Supplement Use Among Elite Young German Athletes. *Int J Sp Nutr Exerc Met*, 19, 97–109.

Braun, Koehler, Geyer, Thevis & Schaenzer (publication in progress). Dietary supplement use of Olympic German athletes.

Burke, Millet & Tarnopolsky (2007). Nutrition for distance events. *J Sp Sci*, 25, 29–38.

European Comission (2001). *Report of the Scientific Committee on Food on composition and specification of food intended to meet the expenditure of intense muscular effort, especially for sportsmen*. Retrieved March 10, 2009, from http://ec.europa.eu/food/fs/sc/scf/out64_en.pdf

European Food Safety Authority, Scientific Panel on Dietetic products, nutrition and allergies (NDA) and Scientific Committee on Food (SCF) (2006). *Tolerable upper intake levels for vitamins and minerals*. Retrieved March 10, 2009, from http://www.efsa.europa.eu/EFSA/efsa_locale-1178620753812_1178633962601.htm

Geyer, Parr, Koehler, Mareck, Schaenzer & Thevis (2008). Nutritional supplements crosscontaminated and faked with doping substance. *J Mass Spectrom*, 43, 892–902.

Hawley, Gibala & Bermon (2007). Innovations in athletic preparation: Role of substrate availability to modify training adaptation and performance. *J Sp Sci*, 25, 115–124.

Jeukendrup (2008). Carbohydrate feeding during exercise. *European Journal of Sport Science*, 8, 77–86.

Maughan, Depiesse & Geyer (2007). The use of dietary supplements by athletes. *J Sp Sci*, 25, 103–13.

Tarnopolsky (2008). Building Muscle: nutrition to maximize bulk and strength adaptations to resistance exercise training. *European Journal of Sport Science*, 8, 67–76.

Tipton (2008). Protein for adaptations to exercise training. *European Journal of Sport Science*, 8, 107-118.

第14章

Geyer, Bredehoft, Marek, Parr & Schanzer (2002). Hohe Dosen des Anabolikums Metandienon in Nahrungsergänzungsmitteln. *Deutsche Apotheker Zeitung*, 142, 29

Geyer, Parr, Mareck, Reinhart, Schrader & Schänzer (2004). Analysis of non-hormonal nutritional supplements for anabolic-androgenic steroids-results of an international study. *Int J Sports Med*, 25,124-9.

Harris R. C., Almada, Harris D. B., Dunnett & Hespel (2004). The creatine content of Creatine SerumTM and the change in the plasma concentration with ingestion of a single dose. *J Sports Sci*, 22, 851‐857

Huang, Johnson & Pipe (2006). The use of dietary supplements and medications by Canadian athletes at the Atlanta and Sydney Olympic Games. *Clin J Sports Med*, 16, 27-33.

Krishnan, Feng & Gordon (2009). Prolonged intrahepatic cholestasis and renal failure secondary to anabolic androgenic steroid-enriched dietary supplements. *J Clin Gastroenterol*, 43, 672-675.

Maughan (2005). Contamination of dietary supplements and positive drugs tests in sport. *J Sports Sci*, 23, 883-889.

Maughan, Depiesse & Geyer (2007). The use of dietary supplements by athletes. *J Sports Sci*, 25, 103-113.

Watson, Judkins, Houghton, Russell & Maughan (2009). Supplement contamination: detection of nandrolone metabolites in urine after administration of small doses of a nandrolone precursor. *Med Sci Sports Exerc*, 41, 766-772.

第15章

Gleeson (Ed.). (2005). *Immune Function in Sport and Exercise*. Edinburgh: Elsevier.

Nieman & Pedersen (Eds.). (2000). *Nutrition and Exercise Immunology*. Boca Raton: CRC Press.

Calder, Field & Gill (2002). *Nutrition and Immune Function*. Oxford: CABI Publishing.

Gleeson, Nieman & Pedersen (2004). Exercise, nutrition and immune function. *Journal of Sports Sciences*, 22(1), 115-125.

Umeda, Nakaji, Shimoyama, Kojima, Yamamoto & Sugawara (2004). Adverse effects of energy restriction on changes in immunoglobulins and complements during weight reduction in judoists. *Journal of Sports Medicine and Physical Fitness*, 44(3), 328-334.

Yaegaki, Umeda, Takahashi, Matsuzaka, Sugawara, Shimaya, et al. (2007). Change in the capability of reactive oxygen species production by neutrophils following weight reduction in female judoists. *British Journal of Sports Medicine*, 41(5), 322-327.

Halson, Lancaster, Achten, Gleeson & Jeukendrup (2004). Effect of carbohydrate supplementation on performance and carbohydrate oxidation following intensified cycling training. *Journal of Applied Physiology*, 97, 1245-1253.

Gleeson (2006). Can nutrition limit exercise-induced immunodepression? *Nutrition Reviews*, 64(3), 1-13.

Nieman (2008). Immunonutrition support for athletes. *Nutrition Reviews*, 66(6), 310-320.

Bishop, Blannin, Armstrong, Rickman & Gleeson (2000). Carbohydrate and fluid intake affect the saliva flow rate and IgA response to cycling. *Medicine and Science in Sports and Exercise*, 32(12), 2046-2051.

Fischer, Hiscock, Penkowa, Basu, Vessby, Kallner, et al. (2004). Supplementation with Vitamins C and E inhibits the release of interleukin-6 from contracting human skeletal muscle. *Journal of Physiology*, 558(2), 633-645.

Davison & Gleeson (2006). The effect of 2 weeks vitamin C supplementation on immunoendocrine responses to 2.5 h cycling exercise in man. *European Journal of Applied Physiology*, 97(4), 454-461.

Peters (2000). Vitamins, immunity, and Infection risk in athletes. In Nieman & Pedersen (Eds.), *Nutrition and Exercise Immunology* (pp. 109-136). Boca Raton: CRC Press.

第16章

Nieman (1997). Immune response to heavy exertion. *J Appl Physiol*, 82, 1385-1394.

Nieman (2000). Is infection risk linked to exercise workload? *Med Sci Sports Exerc*, 32 (7), 406-411.

Nieman (2008). Immunonutrition support for athletes. *Nutr Rev*, 66(6), 310-320.

Nieman & Bishop (2006). Nutritional strategies to counter stress to the immune system in athletes, with special reference to football. *J Sports Sci*, 24, 763-772.

Gleeson & Thomas (2008). Exercise and immune function. Is there any evidence for probiotic benefit for sports people? *Compl Nutr*, 8(3), 35-37.

Cox, Pyne, Saunders & Fricker (in press). Oral administration of the probiotic Lactobacillus fermentum VRI-003 and mucosal immunity in endurance athletes. *Br J Sports Med*.

Nieman, Henson, Maxwell, Williams, McAnulty, Jin, et al. (2009). Effects of quercetin and EGCG on mitochondrial biogenesis and immunity. *Med Sci Sports Exerc*, 41(7), 1467-75.

Nieman, Henson, McMahon, Wrieden, Davis, Murphy, et al. (2008). Effects of ,-glucan on immune function and upper respiratory tract infections in endurance athletes. *Med Sci Sports Exerc*, 40, 1463-1471.

Nieman, Henson, Gross, Jenkins, Davis, Murphy, et al. (2007). Quercetin reduces illness but not immune perturbations after intensive exercise. *Med Sci Sports Exerc*, 39, 1561-1569.

第17章

Harger-Domitrovich, McClaughry, Gaskill & Ruby (2007). Exogenous carbohydrate spares muscle glycogen in men and women during 10 h of exercise. *Med Sci Sports Exerc*, 39(12), 2171-2179.

M' Kaouar, Péronnet, Massicotte & Lavoie (2004). Gender difference in the metabolic response to prolonged exercise with [13C] glucose ingestion. *Eur J Appl Physiol*, 92(4-5), 462-469.

Riddell, Partington, Stupka, Armstrong, Rennie & Tarnopolsky (2003). Substrate utilization during exercise performed with and without glucose ingestion in female and male endurance trained athletes. *Int J Sport Nutr Exerc Metab*, 13(4), 407-421.

Romijn, Coyle, Sidossis, Gastaldelli, Horowitz, Endert, et al. (1993). Regulation of endogenous fat and carbohydrate metabolism in relation to exercise intensity and duration. *Am J Physiol*, 265(3 Pt 1), 380-391.

Romijn, Coyle, Sidossis, Rosenblatt & Wolfe (2000). Substrate metabolism during different exercise intensities in endurance-trained women. *J Appl Physiol*, 88(5), 1707-1714.

Tarnopolsky, MacDougall, Atkinson, Tarnopolsky & Sutton (1990). Gender differences in substrate for endurance exercise. *J Appl Physiol*, 68(1), 302-308.

Tarnopolsky, Atkinson, Phillips & MacDougall (1995). Carbohydrate loading and metabolism during exercise in men and women. *J Appl Physiol*, 78(4), 1360-1368.

Tarnopolsky, Bosman, Macdonald, Vandeputte, Martin & Roy (1997). Postexercise proteincarbohydrate and carbohydrate supplements increase muscle glycogen in men and women. *J Appl Physiol*, 83(6), 1877-1883.

Tarnopolsky (2008). Sex differences in exercise metabolism and the role of 17-beta estradiol. *Med Sci Sports Exerc*, 40(4), 648-654.

Timmons, Bar-Or & Riddell (2007). Energy substrate utilization during prolonged exercise with and without carbohydrate intake in preadolescent and adolescent girls [Electronic version] . *J Appl Physiol*, 103(3), 995-1000.

Wallis, Dawson, Achten, Webber & Jeukendrup (2006). Metabolic response to carbohydrate ingestion during exercise in males and females [Electronic version] . *Am J Physiol Endocrinol Metab*, 290(4), 708-715.

第18章

Carter, Jeukendrup, Mann & Jones (2004a). The effect of glucose infusion on glucose kinetics during a 1-h time trial. *Med Sci Sports Exerc*, 36, 1543-1550.

Carter, Jeukendrup & Jones (2004b). The effect of carbohydrate mouth rinse on 1-h cycle time trial performance. *Med Sci Sports Exerc*, 36, 2107-2111.

Chambers, Bridge & Jones (2009). Carbohydrate sensing in the human mouth: effects on exercise performance and brain activity. *J Physiol*, 587, 1779-1794.

Jeukendrup, Brouns, Wagenmakers & Saris (1997). Carbohydrate-electrolyte feedings improve 1 h time trial cycling performance. *Int J Sports Med*, 18, 125-129.

Lieberman (2003). Nutrition, brain function and cognitive performance. *Appetite*, 40, 245-54.

Liu, Gao, Liu & Fox (2000). The temporal response of the brain after eating revealed by functional MRI. *Nature*, 405(6790), 1058-1062.

Meeusen & Watson (2007). Amino acids and the brain: Do they play a role in "central fatigue"? *Int J Sports Nutr Exerc Metab*, 17 (Suppl), 37-46.

Roelands, Hasegawa, Watson, Piacentini, Buyse, De Schutter, et al. (2008). The effects of acute dopamine reuptake inhibition on performance. *Med Sci Sports Exerc*, 40, 879-885.

Watson, Hasegawa, Roelands, Piacentini, Looverie & Meeusen (2005). Acute dopamine/noradrenaline reuptake inhibition enhances human exercise performance in warm, but not temperate conditions. *J Physiol*, 565, 873-883.

第19章

Stubbs, Harbron, Murgatroyd & Prentice (1995a). Covert manipulation of dietary fat and energy density: effect on substrate flux and food intake in men eating ad libitum. *Am J Clin Nutr*, 62, 316-329.

Stubbs, Ritz, Coward & Prentice (1995b). Covert manipulation of the ratio of dietary fat to carbohydrate and energy density: effect on food intake and energy balance in free-living men eating ad libitum. *Am J Clin Nutr*, 62, 330-337.

Stubbs, Harbron & Prentice (1996). Covert manipulation of the dietary fat to carbohydrate ratio of isoenergetically dense diets: effect on food intake in feeding men ad libitum. *Int J Obes Relat Metab Disord*, 20, 651-660.

第20章

Layman, Evans, Baum, Seyler, Erickson & Boileau (2005). Dietary protein and exercise have additive effects on body composition during weight loss in adult women. *J Nutr*, 135, 1903-1910.

Walberg, Leidy, Sturgill, Hinkle, Ritchey & Sebolt (1988). Macronutrient content of a hypoenergy diet affects nitrogen retention and muscle function in weight lifters. *Int J Sports Med*, 9, 261-266.

Mourier, Bigard, De Kerviler, Roger, Legrand & Guezennec (1997). Combined effects of caloric restriction and branched-chain amino acid supplementation on body composition and exercise performance in elite wrestlers. *Int J Sports Med*, 18, 47-55.

Forbes (2000). Body fat content influences the body composition response to nutrition and exercise. *Ann N Y Acad Sci*, 904, 359-365.

第21章

Pfeiffer, B., Cotterill, A., Grathwohl D., Stellingwerff T. & Jeukendrup A. E. The effect of carbohydrate gels on gastrointestinal tolerance during a 16-km run. (2009) *Int J Sport Nutr Exerc Metab*. 19:485-503.

Brouns & Beckers (1993). Is the gut an athletic organ? Digestion, absorption and exercise. *Sports Med*, 15, 242-257.

Lambert, Lang, Bull, Eckerson, Lanspa & O'Brien (2008). Fluid tolerance while running: Effect of repeated trials. *Int J Sports Med*.

Peters, Van Schelven, Verstappen, De Boer, Bol, Erich, et al. (1993). Gastrointestinal problems as a function of carbohydrate supplements and mode of exercise. *Med Sci Sports Exerc*, 25, 1211-1224.

第23章

Burke, Kiens & Ivy (2004). Carbohydrates and fat for training and recovery. *J Sports Sci*, 22, 15-30.

Jentjens & Jeukendrup (2003). Determinants of post-exercise glycogen synthesis during shortterm recovery. *Sports Med*, 33, 117-144.

McNaughton (2000). Bicarbonate and citrate. In R. J. Maughan (Ed.), *Nutrition in Sport* (pp. 393-404). Oxford: Blackwell.

Stellingwerff, Boit & Res (2007). Nutritional strategies to optimize training and racing in middle-distance athletes. *J Sports Sci*, 25, 17-28.

Tarnopolsky (1999). Protein metabolism in strength and endurance activities. In D. R. Lamb, R. Murray, I.N. Carmel (Eds.), *Perspectives in Exercise Science and Sports Medicine: The Metabolic Basis of Performance in Exercise and Sport* (pp. 125-164). Traverse City, MI: Cooper Publishing Group.

第28章

Jeukendrup (2008). Carbohydrate feeding during exercise. *European Journal of Sport Science*, 8, 77-86.

Kenntta & Hassmen (1998). Overtraining and Recovery: A Conceptual Model. *Sports Med*, 26, 1-16.

Morgan (1980). Test of the champions: the iceberg profile. *Pyschology Today*, 6, 92-108.

Rushall (1990). A tool for measuring stress tolerance in elite athletes. *Journal of Applied Sports Psychology*, 2, 51-66.

Sawka, Burke, Eichner, Maughan, Montain & Stachenfeld (2007). American College of Sports Medicine position stand. Exercise and fluid replacement. *Med Sci Sports Exerc*, 39, 377-390.

Stellingwerff, Boit & Res (2007). Nutritional strategies to optimize training and racing in middle-distance athletes. *J Sports Sci*, 25, 17-28.

照片和插图引用说明

封套照片：© fotolia/CHEN，© fotolia/Elena Kalistratova，© fotolia/Daniel Etzold，© fotolia/karaboux，© fotolia/karaboux，© fotolia/Walter Luger，© fotolia/Christopher Edwin Nuzzaco，© fotolia，Bakke-Svensson/WTC，阿斯克·约肯德鲁普

封面设计：萨宾·葛罗腾（Sabine Groten）

内页照片：参见各张照片